**오르비학원은**

모든 시스템이 수험생 중심으로 더 강화됩니다.

모든 시설이 최고의 결과가 나올 수 있도록 설계됩니다.

집중을 위해 오르비학원이 수험생 옆으로 다가갑니다.

오르비학원과 시작하면

원하는 대학문이 가장 빠르게 열립니다.

**오르비학원은**

모든 시스템이 수험생 중심으로 더 강화됩니다.

출발의 습관은 수능날까지 계속됩니다.
형식적인 상담이나
관리하고 있다는 모습만 보이거나
학습에 전혀 도움이 되지 않는
보여주기식의 모든 것을 배척합니다.

쓸모없는 강좌와 할 수 없는 계획을 강요하거나
무모한 혹은 무리한 스케줄로
1년의 출발을 무의미하게 하지 않습니다.
형식은 모방해도 내용은 모방할 수 없습니다.

개인의 능력을 극대화 시킬 모든 계획이 오르비학원에 있습니다.

# 고전필수어휘의 끝

유현주, 김도현 지음

# 저자의 말

많은 학생들이 수능 문학에서 고전시가를 어려워하지만, 이는 고전에 사용되는 어휘를 몰라서이지 고전문학 자체가 어려운 것은 아닙니다. 고전문학은 형식도 정해진 경우가 많고, 주제도 한정되어 있고, 표현법도 상대적으로 적어 현대문학보다 단순합니다. 고전을 해석하기 위한 기본적인 어휘를 알고, 간단한 문법을 통해 읽는 법을 배운 후 그에 대한 느낌을 파악한다면

훨씬 가볍게 다가갈 수 있는 장르입니다. '고전필수어휘의 끝'에서는 주요 고전 문학 작품에 등장하는 고전 어휘, 현대어와 예문, 예문에 대한 현대어 풀이, 연계작품 수록 여부, 기출 출제 여부, 그리고 문학 작품 해석에 도움이 되는 어휘에 대한 Comment가 달려있습니다. 학습을 하며 각 어휘의 뜻과 함께 각 어휘의 느낌도 파악하여 실전에서 도움을 받을 수 있도록 구성했습니다.

　‘고전필수어휘의 끝’을 통해 기본적인 고전의 어휘를 정복하고, 필수 작품을 공부한 후 기출문항들을 학습한다면 확실한 실력 상승을 체감할 수 있을 거라 자부합니다. 이 책 한 권으로 ‘고전어휘’를 자신있게 끝낼 수 있길 바랍니다.

# 목차

## 1. 고전어휘를 정복하기 위한 '기본 중세국어 문법'



## 2. 필수 고전 어휘 모음

# 목차

# 목차

# 목차

# MEMO

# 1.
## 고전어휘를 정복하기 위한 '기본 중세국어 문법'

㉮ 'ㅸ, ㅿ, ㆁ, ㆍ, ㆆ' 사용
 – 'ㅸ' : 'ㅂ'의 울림 소리로 세조 이후(15세기 중엽) '오/우'로 변화
 – 'ㅿ' : 'ㅅ'의 울림소리로 임진왜란 이후(16세기 말) 소멸
 – 'ㆁ' : 현대어의 'ㅇ'으로, 당시 'ㅇ'표기는 음가가 없었고, 'ㆁ'이 음가가
  있었습니다. 임진왜란 이후(16세기 말) 소멸되었죠.
 – 'ㆆ' : 'ㅎ'보다 여린 소리로 추정. 세조 이후(15세기 말) 소멸

㉯ 동국정운식 한자음 표기
 한자음의 표준화를 위해 세종 30년에 간행한 『동국정운(東國正韻)』에 규정된
 이상적인 한자음 표기. 성종 때 폐지되었습니다.
 중국어 원음에 가깝게 표기했기 때문에 실제 발음과 차이가 있었고, 훈민정음
 에서만 표기된 후 소멸되었어요.
 **예** 나·랏 : 말ᄊᆞ·미 **中듕國·귁**·에 달·아

㉰ 이어적기, 8종성법 사용

|  | 중세국어 | 현대국어 |
|---|---|---|
| 표기원칙 | 표음적 표기 | 표의적 표기 |
| 예 | 꽃+이 → 꼬치<br>꼬치 → 꼬치 | 꽃+이 → 꽃이<br>꼬치 → 꼬치 |

|  | 이어적기(연철) | 끊어적기(분철) | 거듭적기(중철) |
|---|---|---|---|
| 표기법 | 표음적 표기<br>(15세기 원칙) | 표의적 표기<br>(15세기 일부,<br>16세기 이후,<br>현대국어) | 과도기적 표기<br>(16~17세기) |
| 예 | 말ᄊᆞᆷ+이 → 말ᄊᆞ미 | 말ᄊᆞᆷ+이 → 말ᄊᆞᆷ이 | 말ᄊᆞᆷ+이 → 말ᄊᆞᆷ미 |

| | 중세국어 | 근대국어 |
|---|---|---|
| 종성의 표기법 | 8종성법 | 7종성법 |
| 예 | ㄱ, ㄴ, ㄷ, ㄹ, ㅁ, ㅂ, ㅅ, ㆁ | ㄱ, ㄴ, ㄹ, ㅁ, ㅂ, ㅅ, ㅇ |

중세 국어와 현대 국어의 가장 큰 차이는 '표기 원칙'입니다. 중세에는 소리나는 대로 적는 것이 원칙이었기 때문에 '표음적 표기'를 사용했고, 현대에는 뜻을 밝혀 의미를 통하게 하는 것이 원칙이기 때문에 '표의적 표기'를 사용하죠.

표기법도 크게 세 가지로 구분할 수 있는데, 중세 국어의 원칙은 소리나는 대로 그대로 적는 이어적기입니다. 이후 거듭적기, 끊어적기가 쓰이게 되고, 현재는 끊어적기로 정착되었어요.

종성의 표기법은 훈민정음 창제 당시 '종성부용초성'이라는 규정으로 인해 초성이 그대로 쓰이게 됩니다. (해석 : 종성은 초성을 다시 사용한다) 표기 자체가 발음 되는 대로만 쓰면 되기 때문에 다 쓸 필요 없이 발음되는 8개의 자음만 표기하게 되었고, 이후 근대 국어에서는 'ㆁ, ㄷ'이 탈락하여 7종성법으로 변화 되었어요.

다만, 고전시가 표기의 경우 시기를 따로 표기해주지 않기 때문에 3가지 표기법의 형태를 모두 인지한 채로 어휘나 문장을 파악해야 어렵지 않게 해석하실 수 있습니다.

㉣ 어두자음군 합용병서 사용 : ㅂ계, ㅅ계, ㅄ계의 합용 병서가 있었습니다. ㅅ계 합용 병서는 된소리를 표기한 것이고 ㅂ계 합용 병서는 임진왜란 이후 ㅅ계 합용 병서와 구별 없이 된소리로 사용되다가 현대 국어에 와서야 둘 다 완전히 소멸되어 현재의 된소리로 정착되었어요.
고전 문학에서 표기될 경우, 맨 오른쪽 자음을 된소리로 읽어주시면 됩니다.
예 제 ·쁘·들 → [제 뜨들] (제 뜻을)

㉮ 두음법칙, 구개음화, 원순 모음화, 단모음화가 이루어지지 않음.

현대 국어와 달리 두음 법칙, 구개음화, 원순 모음화, 단모음화가 이루어지지 않았습니다. 모두 17, 18세기 이후에 본격적으로 나타나 현대 국어에서는 잘 지켜지고 있죠.

> **예** 두음법칙 X : [중세] 니르고져 → [현대] 이르고저 (이르고자)
> 구개음화 X : [중세] 펴디 → [현대] 펴지
> 원순모음화 X : [중세] 스·믈여·듧 → [현대] 스물여덟
> 단모음화 X : [중세] ᄒᆞ·고·져 → [현대] 하고저 (하고자)

㉯ 모음조화가 지켜짐.

양성 모음은 양성 모음끼리, 음성 모음은 음성 모음끼리 어울리는 현상을 모음 조화라고 합니다. 모음 조화는 16세기부터 혼란을 겪다 17, 18세기부터 파괴되기 시작했고, 현대 국어에서도 파괴 현상이 지속적으로 이어져 오고 있습니다.

> **예** 말ᄊᆞ·미 → 말씀이 (현대국어에서는 모음조화 X)

㉰ 사잇소리의 표기

명사가 서로 결합하여 합성 명사나 명사구를 이룰 때 현대 맞춤법에서는 받침이 없을 때만 'ㅅ'을 윗말에 받쳐 쓰지만, 중세 국어의 문헌에는 받침이 있을 때도 사용되었고, 놓이는 위치도 다릅니다.

> **예** 빗곶(현대 맞춤법과 동일), ᄀᆞ룺(현대 맞춤법과 다름)

㉮ 주격 조사는 '이, ㅣ, ø'의 형태로 실현
현재의 주격 조사 '가'가 없었기 때문에 현재와 다른 출현 양상을 보입니다.
1) 주어의 끝소리가 자음 + 이 **예** 말씀+이
2) 주어의 끝소리가 모음 + ㅣ **예** 공즈 + ㅣ
3) 주어의 끝소리가 반모음 'ㅣ' 포함 + ø **예** 불휘 + ø 이후,
19세기부터 주격 조사 '가'가 출현합니다.

㉯ 목적격 조사는 '올/롤, 을/를, ㄹ' 모두 사용
모음조화가 완벽히 이루어 졌기 때문에 결합하는 체언(목적어)의 모음이
양성인지 음성인지에 따라 다르게 실현되었습니다. 이후, 모음조화가 파괴된
근대 국어 부터 '을, 를'로 단순화되었죠.
**예**[중세] ·이·롤 → [현대] 이를

㉰ 관형격 조사 'ㅅ, 이/의' 사용
'ㅅ'의 쓰임은 다양하게 나타났는데, 주로 높임의 유정 명사를 나타내고
단순한 사이시옷의 형태 말고도 관형격 조사로도 쓰였습니다. 이후, 근대
국어부터 평칭의 유정 명사를 나타내던 '의'로 단순화되었어요.
1) 이/의 : 평칭의 유정명사 **예** 사스미(사슴+이) 갖
　　 **예** 거부븨(거붑+의) 터리
2) ㅅ : 높임의 유정명사　　 **예** 부텨(부텨+ㅅ) 모미
　　 무정명사　　　　　　 **예** 나못(나모+ㅅ) 불휘

㉱ 처소 부사격 조사 '애, 에, 예'의 사용
처소 부사격 조사 역시 모음조화 때문에 선행하는 체언의 모음이 양성인지
음성인지에 따라 다르게 실현되었습니다.
1) 양성모음 뒤 + 애　　 **예** 세간 + 애
2) 음성모음 뒤 + 에　　 **예** 시절 + 에
3) 반모음 'ㅣ' 뒤 + 예　　 **예** 빈 + 예

㉤ 호격조사 '하'의 사용
극존칭을 의미하는 높임의 호격조사 '하'가 사용되었습니다.
**예** 님금하 아르쇼셔


㉥ 명사형 어미 '어간 + 옴/움', 파생명사접사 '어근+음/음'
현재와 달리 명사형 어미에는 '옴/움'이 있었어요. 각각 모음조화에 맞춰
실현되었습니다. 파생명사접사는 어근에 '음/음'이 와서 단어를
형성하였는데, 두 개념은 혼용의 우려가 있으므로 주의할 필요가 있어요.
이후, 명사형 어미는 16세기부터 '-기'가 추가되어 현재까지 쓰이고 있고,
근대 국어부터는 둘의 차이가 사라집니다.
**예** 살다 – 살 + 옴(명사형 어미) → 사롬(居)
       – 살 + 음(파생명사접사) → 사름(人)


㉦ 주체 높임 선어말 어미 '-시-/-샤-'
현재는 '-시-'만 쓰이고 있지만, 과거에는 후행하는 음운에 따라 다르게
실현되었습니다.
1) -시- + 자음 ex) 보 + 시 + 고 → 보시고
2) -샤- + 모음 ex) 보 + 샤 + 이(탈락) → 보샤

㉧ 의문사의 어미 구별
의문사가 있는지 없는지에 따라 설명 의문문과 판정 의문문의 어미를
구별하여 사용했습니다.
1) 설명의문문(의문사○) – 의문형 어미 'ㅗ'형
   **예** 네 스승이 누고 (네 스승이 누구인가?)
2) 판정의문문(의문사×) – 의문형 어미 'ㅏ'형
   **예** 져므며 늘구미 잇ᄂ녀 [젊으며 늙음이 있느냐?]


* 단, 2인칭 의문문의 경우 종결 어미는 동일하게 '-ㄴ다'로 끝났으며
   의문사의 여부로 설명의문문과 판정의문문을 구별하였습니다.

㉛ 높임법

상대 높임은 '-(으)이/잇-'이 쓰였고, 주체 높임 선어말 어미는
'-시-/-샤-'가 사용되었습니다. 현재는 '-시-'만 쓰이고 있지만, 과거에는
후행하는 음운에 따라 다르게 실현된 양상을 보입니다.
1) -시- + 자음 ex) 보 + 시 + 고 → 보시고
2) -샤- + 모음 ex) 보 + 샤 + 이(탈락) → 보샤

객체 높임 선어말 어미에는 '-ᄉᆞᆸ/ᄌᆞᆸ/ᄉᆞᆸ-'이 쓰였으나, 현대 국어에서는 거의
모두 사라졌어요.

© 근대 국어의 개념 및 특징
① 근대 국어의 표기 특징

근대 국어의 표기 특징은 중세 국어를 기본 원칙으로 하여 비교하는 것이
좋습니다. 앞서, 중세 국어에서 근대 국어와 현대 국어에서의 변화를
언급했으므로 연관해서 정리하는 것이 좋아요.
㉮ 방점 표기 및 'ㆁ, ㅸ, ㅿ'이 문자 체계에서 사라짐
㉯ 체언과 조사를 분리 표기하려는 의식이 뚜렷하게 나타남
㉰ 7종성법 사용
㉱ 어두자음군이 된소리로 바뀜
㉲ 'ㆍ'는 음가는 사라지고, 문자로서는 사용됨(19세기 이후 소멸)
㉳ 두음법칙, 구개음화, 원순 모음화, 단모음화가 사용됨

② 근대 국어의 문법적 특징
근대 국어의 문법적 특징 역시 중세 국어를 기본 원칙으로 하고, 현대
국어와의 공통점과 차이점을 비교하는 식으로 정리하면 됩니다.
㉮ 명사형 어미와 파생 접미사의 구별이 사라짐. 명사형 어미 '-기' 출현
㉯ 서수사 '첫재'가 출현함
㉰ 새로운 주격 조사 '가'의 출현
㉱ 중세 국어의 객체 높임법(-ᄉᆞᆸ- / -ᄌᆞᆸ- / -ᄋᆞᆸ-)이 상대 높임법(-ᄉᆞ오-
/ -ᄌᆞ오-/ -오-)으로 변화됨

# 2.
# 필수 고전 어휘 모음

| 어휘 | 현대어 | 예문 |
| --- | --- | --- |
| 가람<br>ᄀᆞ룜 | 강(江) | ᄀᆞᄅᆞ미 프ᄅᆞ니 새 더욱 히오<br>강이 푸르니 새는 더욱 희고<br><br>두보, 「절구」 |
| 가림즈 | 가르마 | 머리만 치거실러 <u>가림즈</u>는 아니 타고<br>머리만 치 거슬러 <u>가르마</u>는 타지 않고<br><br>「장끼전」 |
| 가ᄅᆞ | 다리 | <u>가ᄅᆞ리</u> 네히어라.<br><u>다리</u>가 넷이어라<br><br>「처용가」<br><br><br>2022 EBS 연계작품 「처용가」 |

| 어휘 | 현대어 | 예문 |
|---|---|---|
| **가싀** | 가시 | 늙는 길 <u>가싀</u>로 막고 오는 백발 막대로 치려턴<br>늙는 길을 <u>가시</u>로 막고 오는 백발을 막대로 치려고 하였더니<br> 우탁, 「한 손에 막대 잡고~」 <br>관련기출 ｜comment<br>가시 자체를 뜻하는 것이 아니라 뾰족하게 돋친 것들은 전부 가싀라 한다. |
| **가시다** | 변하다 바뀌다 | 님 향한 일편단심이야 <u>가실</u> 줄이 있으랴<br>임을 향한 일편단심이 <u>변할</u> 리가 있으랴<br> 정몽주, 「단심가」 <br>관련기출 ｜comment<br>'음식 맛이 가셨다'로 현재도 일부 사용중인 말이다. 주로 좋지 않은 방향으로 변했을 때 사용한다. |
| **갓나희** | 계집 | <u>갓나희</u>들이 여러 층이오레<br><u>계집</u>들이 여러 층이더라<br> 김수장, 「갓나희들이 여러 층이오레~」 |

| 어휘 | 현대어 | 예문 |
| --- | --- | --- |
| 강호<br>(江湖) | 자연 | <u>강호</u>에 여름이 드니 초당에 일이 업다<br><u>자연</u>에 여름이 오니 초당에 일이 없다<br> 맹사성, 「강호사시가」 <br>**관련기출 \| comment**<br>08.수능. 권호문, 「한거십팔곡」<br>09.06. 박인로, 「누항사」<br>10.09. 이현보, 「어부단가」<br>13.09. 박인로, 「누항사」<br>16.수능A. 맹사성, 「강호사시가」<br>19.09. 권호문, 「한거십팔곡」 |
| 거믜줄 | 거미줄 | 그 우희 <u>거믜줄</u> 이시니 그를 조심ᄒ여라<br>그 위에 <u>거미줄</u> 있으니 그를 조심하여라<br> 작자미상, 「굼벙이 매암이 되야」 <br>**관련기출 \| comment**<br>고사 인용을 뜻하기도 한다. 〈해록쇄사〉에서 초나라 때 '공사'라는 사람이 임금을 모시다가 거미줄에 곤충이 걸리는 광경을 보고 '벼슬이란 사람의 거미줄이다'라하고 벼슬을 그만두고 고향으로 돌아가 살았다고 한다. |
| 거즛말 | 거짓말 | 사랑이 <u>거즛말</u>이 님 날 사랑 <u>거즛말</u>이<br>사랑한다는 것이 <u>거짓말</u>이었습니까, 님이 날<br>사랑한다는 것이 <u>거짓말</u>이었습니까<br> 김상용, 「사랑이 거즛말이」 <br>**관련기출 \| comment**<br>15.06B. 이황, 「도산십이곡」 |

| 어휘 | 현대어 | 예문 |
| --- | --- | --- |
| 건곤 | 하늘과 땅 | 건곤이 폐색ᄒᆞ야 백셜이 ᄒᆞᆫ 비친제<br>천지가 겨울의 추위에 얼어 생기가 막혀, 흰 눈이 일색으로 덮여 있을 때에<br> 정철, 「사미인곡」 <br>**관련기출 \| comment**<br>2022 EBS 연계작품 「향산별곡」<br>07.06. 송순, 「면앙정가」<br>13.06. 정철, 「사미인곡」<br>14.09AB. 안민영, 「매화사」<br>태극기의 모서리에 위치한 '건곤감리'의 '건곤'이다. 한자로는 乾坤을 사용한다. |
| 건듯 | 잠깐 | 동풍이 건듯 불어 적설을 다 녹이니<br>동풍이 잠깐 불어 쌓인 눈을 다 녹이니<br> 김광욱, 「율리유곡」 <br>**관련기출 \| comment**<br>11.수능. 김광욱, 「율리유곡」<br>13.06.정철, 「사미인곡」<br>21.수능. 정철, 「사미인곡」 |
| 게우즌 | 거친 | 게우즌 바비나 지서 히애<br>거친 밥을 지어서<br> 고려속요, 「상저가」 |

| 어휘 | 현대어 | 예문 |
|---|---|---|
| 겨오 | 겨우 (어렵게 힘들여, 기껏해야 고작) | 님 그려 <u>겨오</u> 든 잠에<br>님 그리워하며 <u>겨우</u> 든 잠에<br> 사설시조, 「님 그려 겨오 든 잠에」 <br>관련기출 \| comment<br>2022 EBS 연계작품 「규원가」 |
| 겨지븐 | 계집은 | <u>겨지븐</u> 조희를 그려 장기파늘 밍글어늘<br><u>여인은</u> 조희를 그려 장기판을 만들거늘<br> 두보, 「강촌」 <br>관련기출 \| comment<br>원래는 '겨집'은 '아내'를 뜻했으나, 현대에서 '계집'으로 바뀌었다. |
| 계우다 | 못 이기다 | 수풀에 우는 새는 춘기(春氣)를 못내 <u>계워</u><br>수풀에 우는 새는 봄 기운을 끝내 <u>못 이겨</u><br> 정극인, 「상춘곡」 <br>관련기출 \| comment<br>구체적으로는 '정도나 양이 지나쳐 참거나 견뎌 내기 어렵다'는 뜻을 가진다. |

| 어휘 | 현대어 | 예문 |
|---|---|---|
| 고기 | 고개 | 바름도 쉬여 넘는 고기, 구름이라도 쉬여 넘는 고기<br>바람도 쉬며 넘는 고개, 구름이라도 쉬며 넘는 고개<br><br>작자미상, 「바름도 쉬여 넘는 고기~」 |
| 고두 | 머리를<br>조아리다 | 성진이 <u>고두</u>하고 울며 가로되<br>성진이 <u>머리를 조아리고</u> 울면서 말하길<br><br>김만중, 「구운몽」<br><br>`관련기출 \| comment`<br>17.수능. 홍순학, 「연행가」<br>한자로는 叩頭를 사용하며, 머리를 조아리는 예법을 '삼궤구고두례(三跪九叩頭禮)'라 하기도 한다. |
| 고인<br>(古人) | 옛 사람,<br>옛 성현 | <u>고인</u>도 날몯보고 나도 <u>고인 몯뵈</u><br><u>옛 성현</u>도 나를 못보고 나도 <u>옛 성현</u>을 못 보아<br><br>이황, 「도산십이곡」<br><br>`관련기출 \| comment`<br>12.09. 이황, 「도산십이곡」<br>죽은 사람을 뜻하는 고인(故人)과는 다른 한자를 사용한다. |

| 어휘 | 현대어 | 예문 |
| --- | --- | --- |
| 고쳐<br>(고텨) | 다시, 거듭 | 염냥이 째를 아라 가는 듯 <u>고텨</u> 오니<br>더웠다 서늘해졌다하는 계절의 순환이 때를 알아 가는 듯 <u>다시</u> 돌아오니     정철, 「사미인곡」<br><br>**관련기출 \| comment**<br>15.수능B. 정철, 「관동별곡」<br>21.수능. 정철, 「사미인곡」<br>21.06. 정철, 「관동별곡」<br>물건을 고치다라는 'fix'의 의미가 아닌, '다시'라는 의미를 가짐에 유의하자. |
| 고초 앉다 | 꼿꼿이 앉다 | 댜른 히 수이디여 긴밤을 <u>고초안자</u><br>짧은 해가 쉽게 지고, 긴 밤을 <u>꼿꼿이 앉아</u> 새며     정철, 「사미인곡」<br><br>**관련기출 \| comment**<br>현대에 와서는 '곧추앉다'와 같이 쓰이기도 한다. |
| 곡셕 | 곡식 | 가을희 <u>곡셕</u> 보니 됴흠도 됴흘셰고<br>가을에 <u>곡식</u>을 보니 좋기도 하구나     이휘일, 「전가팔곡」 |

| 어휘 | 현대어 | 예문 |
| --- | --- | --- |
| 곤륜산 | 중국 전설 속의 산 | 청산에 유수 같고 <u>곤륜산</u> 백옥 같으니<br>청산의 유수같고 <u>곤륜산</u>의 백옥 같으니<br> 작자미상, 「흥부전」 **관련기출 \| comment**<br>2022 EBS 연계작품 「향산별곡」<br>2022 EBS 연계작품 「한양가」<br>07.수능. 조위, 「만분가」<br>19.06. 조위, 「만분가」<br>중국 서쪽 있는 높이는 하늘에 닿고, 귀한 보옥이 생산되고 불사의 강물이 흐르며 불로불사약의 주인인 서왕모가 살고있다고 전해지는 산이다. |
| 곰 | 강세 접미사 | 들하 노피<u>곰</u> 도두샤<br>달님이시여, 높이높이 돋으시어<br> 작자미상, 「정읍사」 **관련기출 \| comment**<br>2022 EBS 연계작품 「정석가」<br>19.06. 작자미상, 「서경별곡」 |
| 곳 | 꽃 | 뫼히 퍼러ᄒ니 <u>곳</u> 비치 블 븓는 둣도다<br>산 빛이 푸르니 꽃빛이 불 붙는 듯하구나<br> 두보, 「절구」 **관련기출 \| comment**<br>2022 EBS 연계작품 「방옹시여」<br>2022 EBS 연계작품 「시어머니 며늘아기 나빠」<br>17.09. 신흠, 「방옹시여」 |

| 어휘 | 현대어 | 예문 |
| --- | --- | --- |
| 공산<br>(空山) | 아무도 없는<br>텅 빈 산 | 공산(空山)에 우난 접동, 너난 어이 우짖난다.<br>텅 빈 산에서 우는 접동새야, 너는 어이하여<br>울부짖고 있느냐? 　　　　　박효관, 「공산에 우난 접동~」<br><br>**관련기출 \| comment**<br>2022 EBS 연계작품 「거창가」<br>2022 EBS 연계작품 「수심가」<br>2022 EBS 연계작품 「향산별곡」<br>13.09. 권구, 「병산육곡」<br>19.06. 조위, 「만분가」<br>무주공산(無主空山)의 줄임말로도 사용되는데, 무주공산은 주인이<br>없는 빈 산이라는 뜻이다. |
| 곶(곶) | 꽃 | 대동강 아즐가 대동강 건너편 고즐여<br>대동강 건너편의 꽃을<br>　　　　　　　　　　　　　　작자미상, 「서경별곡」<br><br>**관련기출 \| comment**<br>2022 EBS 연계작품 「정석가」 |
| 괴다 | 사랑하다 | 내 얼굴 이 거동이 님 괴얌즉 흔가마는<br>내 얼굴과 나의 태도가 니계서 여기시기에<br>사랑함직 하였는데 　　　　　　정철, 「속미인곡」<br><br>**관련기출 \| comment**<br>2022 EBS 연계작품 「규원가」<br>2022 EBS 연계작품 「속미인곡」<br>15.09B. 조위, 「만분가」<br>19.06. 작자미상, 「서경별곡」<br>21.수능. 정철, 「사미인곡」<br>괴다는 임금과 신하, 어버이와 아들딸, 스승과 제자 등 넓은<br>범위에서 쓰일 수 있는 단어이다. 정신적 사랑을 뜻한다. |

| 어휘 | 현대어 | 예문 |
| --- | --- | --- |
| 광음<br>(光陰) | 세월 | 광음을 허송말고 늙기 전에 힘써보소<br>세월을 헛되이 보내지 말고 늙기 전에 힘써보소<br> 작자미상, 「백발가」 <br>**관련기출 \| comment**<br>한자로 빛날 광(光), 그늘 음(陰)을 사용한다. 태양과 밤이라는 뜻으로 흘러가는 시간을 의미한다. 광음여전(光陰如箭)과 같이 사용되어 세월의 덧없음을 비유적으로 나타낸다. |
| 구즌비 | 궂은비 | 여름날 길고길제 구즌비는 므스 일고<br>여름날 길고 긴 때에 궂은 비는 무슨 일인가?<br> 허난설헌, 「규원가」 <br>구즌 비 머저가고 시낻물이 맑아 온다<br>궂은 비 멈추어 가니 시냇물이 맑아 온다<br> 윤선도, 「어부사시사」 <br>**관련기출 \| comment**<br>2022 EBS 연계작품 「규원가」　2022 EBS 연계작품 「영산가」<br>2022 EBS 연계작품 「속미인곡」<br>구즌비는 문학에서 주로 시련, 모함과 같은 부정적 의미로 자주 사용된다. 오래 내리는 비를 궂은비라고 하여 장마의 의미로 사용되기도 한다. |
| 구트여 | 굳이, 구태여 | 이시라 하더면 가랴마는 제 구트여<br>있으라고 했더라면 굳이 갔을까마는<br> 황진이, 「어져 내 일이야~」 <br>**관련기출 \| comment**<br>09.09. 안조원, 「만언사」<br>19.09. 권호문, 「한거십팔곡」 |

| 어휘 | 현대어 | 예문 |
|---|---|---|
| 군자호구<br>(君子好逑) | 군자의 좋은<br>배필 | 공후배필(公侯配匹) 못 바라도<br>군자호구(君子好逑) 원하더니<br>높은 벼슬아치의 배필은 바라지 못하더라도,<br>군자의 좋은 짝이 되기를 바랐더니<br> 허난설헌, 「규원가」 <br>**관련기출 \| comment**<br>2022 EBS 연계작품 「규원가」<br>17.06. 작자미상, 「관저」<br>'요조숙녀 군자호구 窈窕淑女 君子好逑'와 같이 쓰여 '그윽하고 정숙한 숙녀는 군자의 좋은 짝이다'로 해석된다. |
| 글노 | 그것으로 | 품어 가 반기리 업슬시 글노 설워ᄒᆞᄂᆞ이다<br>품어가도 반길 사람이 없어 그것으로 서러워하노라<br> 박인로, 「조홍시가」 |
| 금서<br>(琴書) | 거문고와 책 | 아희 금서를 다스려라 나믄 힉를 보내리라<br>아이야, 거문고와 책을 다스려라, 남은 해를 보내리라<br> 김천택, 「전원에 나믄 흥을~」 <br>**관련기출 \| comment**<br>2022 EBS 연계작품 「방옹시여」<br>풍류를 즐길 때 주로 등장하는 소재이다. 거문고 금(琴)과 책 서(書)를 사용하여 선비의 상징처럼 여겨지기도 한다. |

| 어휘 | 현대어 | 예문 |
| --- | --- | --- |
| 금수<br>(錦繡) | 수놓은 비단 | 연하 일휘는 <u>금수</u>를 재폇는 둣<br>안개와 노을과 햇살로 채색된 빛나는 산수의<br>경치는 마치 <u>수놓은 비단</u>을 펼쳐 놓은 듯<br> 정극인, 「상춘곡」 <br>**관련기출 \| comment**<br>07.06. 송순, 「면앙정가」<br>08.09. 정극인, 「상춘곡」<br>19.09. 권호문, 「한거십팔곡」금수(禽獸)<br>짐승을 뜻하는 금수(禽獸)와 구분해야 한다. 금수강산(錦繡江山)와 같이 사용된다. |
| 긋긋이 | 끝까지 | 장부의 공명을 <u>긋긋이</u> 이룬 후의<br>장부의 공명을 <u>끝까지</u> 이룬 후에<br> 작자미상, 「춘면곡」 |
| 긋다 | 끊어지다 | 노픈 둣 ᄂᆞᄌᆞᆫ 둣 <u>그츤</u> 둣 닛ᄂᆞᆫ 둣<br>높은 듯 낮은 듯 <u>끊어질</u> 듯 이어지는 듯<br> 송순, 「면앙정가」 <br>**관련기출 \| comment**<br>2022 EBS 연계작품 「규원가」<br>2022 EBS 연계작품 「정석가」<br>2022 EBS 연계작품 「방옹시여」<br>2022 EBS 연계작품 「모시를 이리저리 삼아」<br>10.수능. 송순, 「면앙정가」<br>19.06. 작자미상, 「서경별곡」 |

| 어휘 | 현대어 | 예문 |
| --- | --- | --- |
| 긔 | 그것이 | 비록 푸새엣것인들 긔 뉘 따해 났다니<br>비록 풀에 불과하지만, <u>그것이</u> 누구의 땅에 났는가<br> 성삼문, 「수양산 바라보매~」 |
| 기암 | 기괴한 바위 | <u>기암</u>괴석이 눈 속에 뭇쳣셰라<br><u>기이하게 생긴 바위</u>와 돌이 눈 속에 묻힐까 걱정이구나<br> 이이, 「고산구곡가」 |
| 기픠 | 깊이 | 강호에 겨월이 드니 눈 <u>기픠</u> 자히 남다<br>강호에 겨울이 오니 쌓인 눈의 <u>깊이</u>가 한 자를 넘는다<br> 맹사성, 「강호사시가」 |

| 어휘 | 현대어 | 예문 |
|---|---|---|
| 깁 | 비단 | 긴 <u>깁</u>을 채펏는 듯<br>긴 <u>비단</u>을 펼쳐 놓은 듯<br> 송순, 「면앙정가」 <br>**관련기출 \| comment**<br>10.수능. 송순, 「면앙정가」<br>비단 중에서도 거칠게 짠 비단을 말한다. |
| ᄀ티 | ~같이 | 실<u>ᄀ티</u> 플텨이셔 뵈<u>ᄀ티</u> 거러시니<br>실<u>같이</u> 풀어서 베<u>같이</u> 걸어 놓았으니<br> 정철, 「관동별곡」 <br>**관련기출 \| comment**<br>2022 EBS 연계작품 「향산별곡」<br>2022 EBS 연계작품 「속미인곡」 |
| ᄀ슬 | 가을 | 어느 <u>ᄀ슬</u> 이른 ᄇᄅ매<br>어느 <u>가을</u> 이른 바람에<br> 월명사, 「제망매가」 |

| 어휘 | 현대어 | 예문 |
|---|---|---|
| 골며기 | 갈매기<br>(=백구) | 떼 만흔 <u>골며기</u>는 오명가명 ㅎ거든<br>떼를 지어서 <u>갈매기</u>들은 오락가락 하는데<br> 이황, 「도산십이곡」 <br><br>자유롭게 날 수 있는 대상이다. 자유롭지 못한 화자의 처지를 강조하기 위해 사용되곤 한다. |
| 골희 | 가려, 골라 | 내 너를 위ㅎ여 죠흔 날을 <u>골희</u>마<br>내가 너를 위해 좋은 날을 <u>고르</u>겠다 |
| ᄀᆞᆺ(ᄀᆞᆮ) | 끝 | <u>ᄀᆞᆺ</u>업슨 디는 나못니픈 소소히 ᄂᆞ리고<br>끝없이 지는 나뭇잎은 쓸쓸히 떨어지고<br> 두보, 「등고」 |

| 어휘 | 현대어 | 예문 |
|---|---|---|
| ㄴ다 | 의문형 어미 | 천고 흥망을 아느다 몰으느다<br>천고 흥망을 아는가? 모르는가?<br>정철, 「관동별곡」<br><br>**관련기출 \| comment**<br>12.06. 윤선도, 「견회요」<br>16.06B. 작자미상, 「어이 못오던다~」<br>현재의 평서형과 유사하므로 주의해야한다. |
| 나리 | 시내 | 파른 나리여희 기랑이 즈싀 이슈라<br>새파란 냇물에 기파랑의 모습이 있어라<br>충담사, 「찬기파랑가」<br><br>**관련기출 \| comment**<br>'나리'가 줄어 '내'가 되었다. 이와 유사하게 '모리'가 줄어 '뫼'가 되기도 하였다. 삼국시대에 사용되던 언어이다. |
| 나리다 | 흘러내리다 | 선인교 나린 물이 자하동에 흘너 드러<br>선인교 아래로 흘러내리는 물이 자하동으로 흘러들어<br>정도전, 「선인교 나린 물~」<br><br>**관련기출 \| comment**<br>07.06. 정도전, 「선인교 나린 물이~」<br>07.06. 송순, 「면앙정가」 |

| 어휘 | 현대어 | 예문 |
|---|---|---|
| 나릿믈 | 시냇물 | 正月ㅅ <u>나릿므른</u> 아으 어져 녹져 ᄒ논되.<br>정월의 <u>시냇물은</u> 얼고 녹고 하는데<br> 작자미상, 「동동」 <br>관련기출 \| comment<br>17.06. 작자미상, 「동동」 |
| 나믄 희 | 남은 해 | 아히 금서를 다스려라 <u>나믄 희</u>를 보내리라<br>아이야, 거문고와 책을 다스려라, <u>남은 해를</u> 보내리라<br> 김천택, 「전원에 나믄 흥을~」 <br>관련기출 \| comment<br>낮 시간에 뜬 '태양'을 뜻하거나, '올 한 해가 가고'의 연을 세는 '해'를 뜻할 수 있다. |
| 나위 | 여자 방의 비단 | <u>나위</u> 적막하고 슈막이 뷔여 잇다<br><u>비단은</u> 쓸쓸히 걸렸고, 장막만이 드리워져 비어있다<br> 정철, 「사미인곡」 <br>관련기출 \| comment<br>13.06.정철, 「사미인곡」<br>얇은 비단으로 만든 장막을 뜻한다 |

| 어휘 | 현대어 | 예문 |
|---|---|---|
| 나조 | 저녁 | 아츰에는 채산하고 <u>나조</u>에는 조수하세<br>아침에는 산나물을 캐고, <u>저녁</u>에 물고기를 낚으세<br>정극인, 「상춘곡」 |
| 낙누<br>(落淚) | 눈물을<br>떨어뜨림 | 무슨근심 듸단히셔 <u>낙누</u>한심 원일이요<br>무슨 근심 대단해서 <u>눈물</u> 한숨 웬일이오?<br>작자미상, 「덴동어미화전가」<br><br>`관련기출 │ comment`<br>2022 EBS 연계작품 「향산별곡」 |
| 낙딕 | 낚싯대 | 유비군자들아 <u>낙딕</u> 하나 빌러스라<br>교양있는 선비들아, <u>낚싯대</u> 하나 빌려다오<br>박인로, 「누항사」<br><br>`관련기출 │ comment`<br>09.06. 박인로, 「누항사」<br>09.09. 안조원, 「만언사」<br>13.09. 박인로, 「누항사」<br>19.06. 조위, 「만분가」 |

| 어휘 | 현대어 | 예문 |
|---|---|---|
| 남여 | 가마 | <u>남여</u>를 배야 타고 솔 아릐 구븐길로 오며 가며 하난 적의<br>가마를 재촉해 타고 소나무 아래 굽은 길로 오며 가며 하는 때에<br> 송순, 「면앙정가」 <br>관련기출 \| comment<br>07.06. 송순, 「면앙정가」<br>15.수능B. 정철, 「관동별곡」<br>의자와 비슷한 모양의 뚜껑 없는 작은 가마를 이르는 말로, 사대부 양반들이 타고 다니던 가마이다. |
| 낡<br>(남기,<br>낡에) | 나무<br>(나무가,<br>나무에) | 새는 새는 <u>남게</u> 자고 쥐는 쥐는 궁게 자고<br>새는 새는 <u>나무</u>에 자고 쥐는 쥐는 구멍에 자고<br> 「전래동요」 <br>관련기출 \| comment<br>2022 EBS 연계작품 「향산별곡」<br>나무의 중세국어로는 '나모'도 있는데, '나모'는 자음 앞이나 모음으로 시작하는 실질 형태소 앞에 주로 사용되었고, 낡은 모음으로 시작하는 형식 형태소 앞에서 썼다<br>ex) 나모도, 나모는, 남기(낡+이), 남개(낡+애) |
| 낫브다 | 부족하다 | 아춤이 <u>낫브거니</u> 나조혜라 유여하랴<br>아침도 <u>부족한데</u>, 저녁이라고 넉넉하겠는가<br> 송순, 「면앙정가」 <br>관련기출 \| comment<br>'낮다'의 '낮'에 '~브다'가 붙어서 생긴 말로, 현재의 '나쁘다'와는 의미가 다르다. |

| 어휘 | 현대어 | 예문 |
| --- | --- | --- |
| 냥익 | 양쪽 겨드랑이 | 화풍이 습습ᄒ야 <u>냥익</u>을 추혀드니<br>봄바람이 산들산들하여 <u>두 겨드랑이</u>를 추켜올리니<br> 정철, 「관동별곡」 관련기출 | comment<br>주로 춤추는 모습을 빗대어 표현할 때 사용되고, 한자로는 두 양(兩), 겨드랑이 액(腋)을 사용한다. |
| 녀느 년 | 다른 딴 | <u>녀느</u> 길 안들 빗겨디 녀져<br><u>다른(딴)</u> 길로 빗겨가지 않으리라<br> 균여, 「청불세주가」 관련기출 | comment<br>현재와 다르게 명사로도 사용되고, 앞에서 설명한 '나모/낡'과 같이 활용된다.<br>ex) 녀느+의 → 년긔 |
| 녀름 | 여름 | 긴 <u>녀릆</u> 강촌애 일마다 유심ᄒ도다<br>긴 <u>여름</u> 강촌의 일마다 그윽하도다<br> 두보, 「강촌」 관련기출 | comment<br>녀름짓다라는 말도 있는데, 농사짓다의 옛말이다. |

| 어휘 | 현대어 | 예문 |
| --- | --- | --- |
| 녀다 | 지내다<br>살아가다 | 니믈 흔디 <u>녀가져</u> 원을 비숩노이다.<br>님과 함께 한 곳에서 <u>지내고자</u> 하는 소원을<br>빕니다.<br><br>작자미상, 「동동」<br><br>관련기출 \| comment<br>21.수능. 정철, 「사미인곡」<br>현재 임과 같이 있지 못한 상황인 화자가 임과 같이 있고자 하는<br>소망을 표현할 때 자주 사용된다. |
| 녜다/녀다 | 가다<br>가게 하다 | 샤공이 빅 <u>녜오디</u> 東을 求ᄒᆞ면 東ᄋᆞ로 나ᅀᅡ가며<br>사공이 배 <u>가게 하되</u> 동쪽을 구하면 동쪽으로<br>나아가며<br><br>「금상 5:38」<br><br>관련기출 \| comment<br>2022 EBS 연계작품 「공무도하가」<br>'섭렵하다'의 의미를 가지기도 한다. |
| 노류장화<br>(路柳牆花) | 기생 | <u>노류장화</u> 꺽어쥐고 춘색으로 다니는가<br><u>기생</u>과 어울리며 봄빛에 노니는가<br><br>작자미상, 「상사별곡」<br><br>관련기출 \| comment<br>2022 EBS 연계작품 「수심가」<br>2022 EBS 연계작품 「영산가」<br>길가에 서 있는 버드나무와 담장에 핀 꽃이라는 뜻으로 존중받지<br>못하는 여인(기생)을 뜻한다. |

| 어휘 | 현대어 | 예문 |
| --- | --- | --- |
| 노미라 | 는구나 | 낙락장송(落落長松)이 다 기울어 가<u>노미</u>라<br>낙락장송이 다 기울어 가<u>는구나</u><br>유응부, 「간밤에 불던 바람~」<br><br>`관련기출 \| comment`<br>감탄형 어미로 사용됨 |
| 노화<br>(蘆花) | 갈대꽃 | <u>노화</u> 깊픈 곳애 명월청풍 벗이 되야<br><u>갈대꽃</u> 깊은 곳에, 밝은 달과 맑은 바람이 벗이 되어<br>박인로, 「누항사」<br><br>`관련기출 \| comment`<br>09.06. 박인로, 「누항사」<br>노화삽관(蘆花揷冠)은 옛날 뜻이 같은 사람들을 알아보기 위해 사용한 방법으로, 갈대 꽃또는 잎을 관(모자)에 꽂는 것을 말한다. |
| 노호염 | 노함, 화 | <u>노호염</u>도 밤이 자면 풀어져서 버리나니<br><u>노함</u>도 밤이 지나면 풀어져 버리나니<br>안조원, 「만언사」 |

| 어휘 | 현대어 | 예문 |
| --- | --- | --- |
| 녹기금<br>(綠綺琴) | 거문고 | 청등을 돌나노코 <u>녹기금</u> 빗기 안아<br>등불을 돌려놓고 <u>푸른 거문고</u>를 비스듬히 안아<br>　　　　　　　　　　　허난설헌, 「규원가」<br><br>**관련기출 \| comment**<br>녹기(綠綺)라 쓰이기도 하며, 한나라 사마상여가 가지고 있었다는 거문고이다. |
| 녹사의 | 도롱이 우비 | 청약립도 써 잇노라, <u>녹사의</u> 가져오라<br>갓은 이미 쓰고 있노라, <u>우비</u>는 가져 왔느냐<br>　　　　　　　　　　　윤선도, 「어부사시사」<br><br>**관련기출 \| comment**<br>짚이나 띠 따위로 엮어 허리나 어깨에 두르는 비옷으로, 주로 농민들이 입곤 했다. |
| 녹수<br>(綠水) | 푸른 물 | 청산은 내 뜻이요 <u>녹수</u>는 님의 정이<br>청산은 내 마음과 같고 <u>푸른 물</u>은 임의 마음과 같구나<br>　　　　　　　　　　　황진이, 「청산은 내 뜻이요」<br><br>**관련기출 \| comment**<br>10.09. 이현보, 「어부단가」<br>푸른 물은 흐르는 시냇물을 뜻해, 변하는 것을 뜻한다. 위 작품에서는 변하지 않는 청산과 변하는 (흐르는) 물을 대비시키고 있다. |

| 어휘 | 현대어 | 예문 |
| --- | --- | --- |
| 녹양 | 버드나무 | 녹양방초는 세우 중에 프르도다<br>푸른 버드나무와 꽃다운 풀은 가랑비 속에 푸르구나<br><br>정극인, 「상춘곡」<br><br>**관련기출 ┃ comment**<br>07.06. 송순, 「면앙정가」<br>11.수능. 정극인, 「상춘곡」<br>14.수능AB. 정극인, 「상춘곡」<br>녹양방초는 버드나무와 향기로운 풀로 봄과 여름을 맞아 아름다워진 자연을 의미한다. |
| 녹음방초<br>(綠陰芳草) | 우거진 나무와 향기로운 풀 | 녹음방초승화시(綠陰芳草勝花時)에 해는 어이 더디간고<br>꽃피는 봄보다 더 좋은 여름에 해는 어찌 느리게 가는가<br><br>작자미상, 「녹음방쵸승화시」<br><br>**관련기출 ┃ comment**<br>2022 EBS 연계작품 「소춘향가」<br>주로 여름철, 특히나 초여름을 의미한다 |
| 눈물곕다 | 눈물겹다<br>(눈물이 날 만큼 가엽고 애처롭다) | 석양에 지나는 객이 눈물계워 하노라<br>석양에 지나는 손님이 눈물겹게 여기더라<br><br>원천석, 「석양에 지나는 객이!」<br><br>**관련기출 ┃ comment**<br>2022 EBS 연계작품 「우국가」<br>주로 가엽게 여기거나 애처롭게 여기는 부정적 정서와 함께 사용된다 |

| 어휘 | 현대어 | 예문 |
|---|---|---|
| 뉘 | 누가 | 호연 행색을 <u>뉘</u> 아니 부러워 하리<br>대담한 행색을 <u>누가</u> 부러워하지 않겠는가<br>안서우, 「유원십이곡」<br><br>관련기출 \| comment<br>2022 EBS 연계작품 「우국가」<br>2022 EBS 연계작품 「거창가」<br>16.수능B. 이원익, 「고공답주인가」<br>17.09. 신흠, 「방옹시여」<br>'누'에 주격조사 'ㅣ'가 사용된다. 고전시가에서 'ㅣ'가 자음 없이 단독으로 사용되면 주격조사라고 보면 된다. |
| 늣기다 | 흐느끼다 | 하 어척 업서셔 <u>늣기다가</u><br>세상일이 하도 어처구니 없어서 <u>흐느끼다</u><br>권섭, 「하하 허허 한들」<br><br>관련기출 \| comment<br>21.수능. 정철, 「사미인곡」<br>그냥 '느끼다'가 아닌 '흐느끼다'로 부정적 정서와 함께 사용된다. |
| 니르다 | 말하다 | 하물며 못다 핀 고지야 <u>닐러</u> 무삼하리오<br>하물며 못다 핀꽃이야 <u>말하여</u> 무엇하겠는가<br>유응부, 「간밤에 부던 바람~」<br><br>관련기출 \| comment<br>2022 EBS 연계작품 「우국가」<br>'니르다(니를다)'는 '도착하다'로 사용되기도 하지만, 활용형이 '이르러'로 '말하다'로 사용되는 '일러'와 다르다.<br>'이르다(이ᄅ다)'는 '빠르다'라는 의미를 가진다. |

| 어휘 | 현대어 | 예문 |
|---|---|---|
| 니저발여고나 | 잊어버렸구나 | 아차아차 이저고 오화등을 <u>니저발여고나</u><br>아차 잊었구나, 오화당을 <u>잊어버렸구나</u><br>김수장, 「서방님 병 들여 두고~」 |
| 닉다 | 익다 | 술리 <u>닉어거니</u> 벗지라 업슬소냐<br>술이 <u>익어가는데</u> 벗이 없을 것인가<br>송순, 「면앙정가」<br><br>관련기출 \| comment<br>16.09B. 신계영, 「전원사시가」<br>김치, 술, 장 따위가 맛이 들다 |
| 님비/곰비 | 앞/ 뒤 | 덕으란 곰비예 받줍고 복으란 <u>님비</u>예 받줍고<br>덕은 뒤에 바치옵고, 복은 <u>앞</u>에 바치오니<br>작자미상, 「동동」<br><br>관련기출 \| comment<br>2022 EBS 연계작품 「임이 오마 하거늘~」<br>15.09A. 작자미상, 「임이 오마 하거늘~」<br>17.06. 작자미상, 「동동」<br>이어져서 '님비곰비', '곰비임비'와 같이 쓰이면 '연달아', '앞뒤 계속하여'의 뜻을 가진다. |

| 어휘 | 현대어 | 예문 |
|---|---|---|
| 닛다 | 잊다, 잊어버리다 | 따라 일찍으니 얼므 닛<br>따라하면 일찍 정신이 <u>멎을(잊을)</u> 지경이다<br> 고대 향가 <br>관련기출 \| comment<br>2022 EBS 연계작품 「방옹시여」<br>2022 EBS 연계작품 「우국가」<br>2022 EBS 연계작품 「율리유곡」<br>15.06B, 이황, 「도산십이곡」<br>모음으로 시작하는 어미 앞에서 '닞–'으로 나타난다. |
| 닛다 | 이어지다 | 노픈 듯 뜬 듯 그순 듯 <u>닛는</u> 듯<br>높은 듯 낮은 듯 끊어진 듯 <u>이어진</u> 듯<br> 송순, 「면앙정가」 |
| 늘애 | 날개 | 향 므든 <u>놀애</u>로 님의 오새 올므리라<br>향 묻은 <u>날개</u>로 임의 옷에 옮기리라<br> 정철, 「사미인곡」 |

| 어휘 | 현대어 | 예문 |
| --- | --- | --- |
| 눕 그스지 | 남 몰래 | <u>눕 그스지</u> 얼어 두고<br><u>남 몰래</u> 사귀어 두고<br><br>서동, 「서동요」 |
| 늣늣치 | 하나하나 | 셕양이 거의 되니 <u>늣늣치</u> 고별하고<br>석양이 거의 되니 <u>하나하나</u> 이별하고<br>김인겸, 「일동장유가」<br><br>관련기출 \| comment<br>2022 EBS 연계작품 「거창가」 |
| 뇌 | 안개 | 평무의 <u>뇌</u> 거드니 원근이 그림일다<br>잡초 무성한 들판에 <u>안개</u>가 걷히니 그림같이 좋다<br>이이, 「고산구곡가」<br><br>관련기출 \| comment<br>한자로는 뇌 연(煙)으로 쓰이고, 현재의 뜻은 '연기, 안개, 담배'의<br>뜻이다. |

| 어휘 | 현대어 | 예문 |
| --- | --- | --- |
| 다히 | 쪽<br>(방향을<br>나타내는<br>의존 명사) | 님<u>다히</u> 소식을 아므려나<br>임<u>쪽의</u> 소식을 어떻게 해서라도 알려고 하니<br>정철, 「속미인곡」<br><br>관련기출 \| comment<br>2022 EBS 연계작품 「속미인곡」 |
| 단사표음<br>(簞食瓢飮) | 도시락밥과<br>표주박의 물 | <u>단사표음</u>을 이도 족히 여기노라<br><u>도시락밥과 표주박의 물</u>을 충분히 여긴다<br>박인로, 「누항사」<br><br>관련기출 \| comment<br>소박한 밥상과 음식에 만족하는 검소하고 소박한 생활을 뜻한다. |
| 대저 | 무릇 대체로 | <u>대저</u> 우리들이 거주하여 사는 이 세상은<br><u>무릇</u> 우리들이 거주하여 사는 이 세상은<br>작자미상, 「금수회의록」<br><br>관련기출 \| comment<br>한자로는 큰 대(大)와 거스를 저(抵)를 사용한다. |

| 어휘 | 현대어 | 예문 |
| --- | --- | --- |
| **대쵸** | 대추 | 대쵸 볼 불근 골에 밤은 어이 뜻드르며<br>대추의 볼 붉게 익은 통통한 대추<br> 황희, 「대쵸 볼 불근 골에」 <br>관련기출 \| comment<br>풍요와 다산, 가을을 상징하는 과일이다. |
| **뎔** | 절 | 그 뎔 지주ㅣ 내 손모글 주여이다<br>그 절 지주가 내 손목을 쥐었다<br> 작자미상, 「쌍화점」 |
| **뎡화** | 편 꽃 | 안류 뎡화는 고비고비 새롭고야<br>시냇가에 편 꽃은 고비고비 새롭고야<br> 윤선도, 「어부사시사」 <br>관련기출 \| comment<br>뎡은 한자로 뜰 정(庭)을 사용한다. |

| 어휘 | 현대어 | 예문 |
| --- | --- | --- |
| 도곤 | ~보다 | 여산이 여긔<u>도곤</u> 낫단 말 못ᄒ려니<br>여산이 여기<u>보다</u> 낫다고 말 못하려니<br> 정철, 「관동별곡」 <br><br>2022 EBS 연계작품 「오륜가」<br>07.09. 윤선도, 「만흥」<br>15.수능B. 정철, 「관동별곡」<br>21.06. 정철, 「관동별곡」<br>21.09. 윤선도, 「만흥」 |
| 도로혀 | 돌이켜 | <u>도로혀</u> 혜어ᄒ니 마누라 타시로다<br><u>돌이켜</u> 생각하니 마누라 탓이로다<br> 이원익, 「고공답주인가」 <br><br>EBS 연계작품 「규원가」<br>16.수능B. 이원익, 「고공답주인가」 |
| 도슭 | 도시락 | 식암을 차자가서 점심 <u>도슭</u> 부시고<br>샘을 찾아가서 점심 <u>도시락</u> 비우고<br> 작자미상, 「논 밭 갈아 기음 매고」 <br><br>경복궁에서 '도슭 콘서트'라는 이름으로 간식을 주는 행사를<br>하기도 했다. |

| 어휘 | 현대어 | 예문 |
|---|---|---|
| 도화<br>(桃花) | 복숭아꽃 | 못 미들 손 <u>도화</u> ㅣ로다<br>못 믿을 것은 <u>복숭아 꽃</u>이로다<br> 이황, 「청량산 육륙봉을」 **관련기출 \| comment**<br>2022 EBS 연계작품 「수심가」<br>11.수능. 정극인, 「상춘곡」<br>14.수능AB. 정극인, 「상춘곡」<br>16.09B. 신계영, 「전원사시가」<br>이화, 행화, 도화 등의 꽃들은 주로 봄을 상징하는 단어이다. |
| 돈후(敦厚)<br>ᄒ다 | 인정이 두텁다 | 정초 세배ᄒ믄 <u>돈후ᄒ</u> 풍속이라<br>정월 초하룻날 세배하는 것은 <u>인정이 두터운</u> 풍속이라<br> 정학유, 「농가월령가」 |
| 둏다/됴타 | 좋다 | 곳 <u>됴코</u> 여름 하ᄂᆞ니<br>꽃이 <u>좋게</u> 피고 열매가 많습니다<br> 「용비어천가 2장」 **관련기출 \| comment**<br>2022 EBS 연계작품 「우국가」<br>2022 EBS 연계작품 「거창가」<br>2022 EBS 연계작품 「만전춘별사」<br>16.09B. 「석보상절」<br>21.09. 윤선도, 「만흥」<br>고전에서 '좋다'는 '깨끗하다'라는 의미를 가진다. |

| 어휘 | 현대어 | 예문 |
| --- | --- | --- |
| 두견<br>(杜鵑) | 소쩍새 | <u>두견새</u> 슬피 울자 산에 대나무가 찢어지니<br><u>소쩍새</u> 슬피 울자 산에 대나무가 찢어지니<br> 정철, 「한시」 `관련기출` \| comment<br>2022 EBS 연계작품 「한양가」<br>2022 EBS 연계작품 「영산가」<br>13.09. 권구, 「병산육곡」<br>15.09B. 조위, 「만분가」<br>억울하게 죽은 촉나라 임금 우두의 넋이 두견새가 되었다는 전설이 있어 슬픔, 설움, 그리움, 한 등의 정서와 함께 사용된다. |
| 두견화<br>(杜鵑花) | 진달래꽃 | <u>두견화</u>를 부치들고<br><u>진달래꽃</u>을 들고<br> 정극인, 「상춘곡」 `관련기출` \| comment<br>07.06. 안민영, 「매화사」<br>08.09. 정극인, 「상춘곡」<br>14.09AB. 안민영, 「매화사」<br>진달래는 구애나 신념과 절제의 상징으로 쓰이기도 한다. |
| 듯는 | 떨어지는 | 오동에 <u>듯는</u> 빗발 무심히 듯건마는<br>오동에 <u>떨어지는</u> 빗줄기 아무 생각없이 떨어지건만<br> 작자미상, 「오동에 듯는 빗발~」 |

| 어휘 | 현대어 | 예문 |
|---|---|---|
| 디다 | 떨어지다 | 구슬이 바회예 <u>디신들</u><br>구슬이 바위에 <u>떨어진들</u><br> 작자미상, 「정석가」 <br><br>2022 EBS 연계작품 「정석가」<br>EBS 연계작품 「규원가」<br>19.06. 작자미상, 「서경별곡」<br>21.수능. 정철, 「사미인곡」 |
| 둗다 둗다 | 달리다 | <u>둗느둧</u> 따로느둧<br><u>달려가는</u> 듯 따라가는 듯<br> 송순, 「면앙정가」 |
| 디위 | 지위, 경지 | 어와 뎌 <u>디위</u>를 어이하면 알거이고<br>아, 저 높은 <u>경지</u>를 어이하면 알 것인가<br> 정철, 「관동별곡」 <br><br>10.06. 정철, 「관동별곡」<br>15.수능B. 정철, 「관동별곡」 |

| 어휘 | 현대어 | 예문 |
|---|---|---|
| 뒤 | 대나무 | 눈 마즈 휘여진 뒤를 뉘라서 굽다턴고<br>눈 맞아 휘어진 대나무를 누가 굽었다고 하던가<br>원천석, 「눈 마즈 휘여진 뒤를~」<br><br>**관련기출 \| comment**<br>사군자에 포함되는 대나무는 사철 푸르기 때문에 불변을 상징하고 생명력이 강한 식물로 영생과 건강을 뜻하기도 한다. |
| -ㄹ셰라 | ~할까 두렵다 | 선하면 아니올셰라<br>서운하면 오지 않을까 두렵다<br>작자미상, 「가시리」<br><br>**관련기출 \| comment**<br>2022 EBS 연계작품 「가시리」<br>17.06. 작자미상, 「가시리」 |
| 라와 | ~ 보다 | 널라와 시름 한 나도<br>너보다 시름 많은 나도<br>작자미상, 「청산별곡」<br><br>**관련기출 \| comment**<br>주로 'ㄹ' 받침으로 끝나는 체언류 뒤에 붙어서 사용된다. |

| 어휘 | 현대어 | 예문 |
| --- | --- | --- |
| 리잇고 | ~겠습니까 | 가시리 가시<u>리잇고</u><br>가시<u>겠습니까</u><br><br>작자미상, 「가시리」<br><br>`관련기출 \| comment`<br>2022 EBS 연계작품 「가시리」<br>17.06. 작자미상, 「가시리」<br>의문형 종결 어미로 사용된다. |
| 마파람 | 남풍 | <u>마파람</u> 급히 불 때 가득 싣고 돌아오네<br><u>남풍</u> 급히 불 때 가득 싣고 돌아오네<br><br>정약용, 「탐진어가」<br><br>`관련기출 \| comment`<br>'마'는 '맞'이라는 뜻으로, 마주 보는 쪽에서 불어오는 바람인 앞에서 불어오는 남풍을 뜻한다 |
| 마초아 | 마침 | <u>마초아</u> 밤일세망정 행여 낮이런들 남 우일 뻔하여라<br><u>마침</u> 밤이었기에망정이지 낮이었다면 남들에게 들켜 웃음거리가 될 뻔 했구나<br><br>작자미상, 「창 밖이 어른어른커늘」<br><br>`관련기출 \| comment`<br>2022 EBS 연계작품 「율리유곡」 |

| 어휘 | 현대어 | 예문 |
|---|---|---|
| 만건곤<br>(滿乾坤) | 하늘과 땅에<br>가득 참 | 백설이 <u>만건곤할</u> 제 독야청청(獨也靑靑) 하리라<br>흰 눈으로 <u>하늘과 땅에 가득찰</u> 때 나 홀로 푸른<br>모습으로 남아 있으리라<br>성삼문, 「이 몸이 죽어가서~」<br><br>관련기출 comment<br>찰 만(滿)을 사용한다. 앞에서 설명했듯 건곤이 하늘과 땅을<br>뜻하므로 하늘과 땅에 가득 찬다는 의미를 가진다. |
| 만고 | 영원히 | <u>만고</u>애 프르르며 유수는 엇뎨하야<br><u>영원히</u> 푸르며 흐르는 물은 어찌하여<br>이황, 「도산십이곡」<br><br>관련기출 comment<br>'만고의 진리'등으로 쓰이미 아주 옛날부터 내려왔다는 뜻을<br>가지거나 세상에 비길 데가 없다는 뜻도 가진다. |
| 만권생애 | 평소 책을<br>많이 읽음 | <u>만권생애</u>로 낙사 ㅣ 무궁하얘라<br><u>많은 책을 읽는</u> 인생이라 즐거움이 끝이<br>없구나(학문을 닦는데 인생을 보냈음)<br>이황, 「도산십이곡」<br><br>관련기출 comment<br>만 권의 책을 쌓아두고 읽고 연구하는데 한 평생을 바쳤다는<br>의미를 지닌다. |

| 어휘 | 현대어 | 예문 |
|---|---|---|
| 만승<br>(萬乘) | 천자 | 누고셔 삼공도곤 낫다하더니 만승이 이만하랴<br>어떤 사람이 정승보다 낫다고 하더니, 천자의 삶이<br>이보다 좋겠는가<br>윤선도, 「만흥」<br><br>관련기출 \| comment<br>07.09. 윤선도, 「만흥」<br>21.09. 윤선도, 「만흥」<br>탈 승(乘)을 사용하여 만 대의 병거(수레)를 주나라 천자가<br>출동시킨 것에서 유래하여 천자라는 의미를 갖는다. |
| 말쑴<br>(말슴) | 말씀, 말 | 님긊 말쓰미 긔 아니 올ᄒ시니<br>임금 말씀이 그 아니 옳으시니<br>「용비어천가 39장」<br><br>관련기출 \| comment<br>2022 EBS 연계작품 「우국가」<br>2022 EBS 연계작품 「향산별곡」<br>2022 EBS 연계작품 「규원가」<br>2022 EBS 연계작품 「북천가」<br>2022 EBS 연계작품 「속미인곡」<br>15.06B. 이황, 「도산십이곡」<br>21.09. 윤선도, 「만흥」 |
| 맛보다 | 만나다 | 아야 미타찰아 맛보올 나<br>아아 미타찰에서 만날 나<br>월명사, 「제망매가」<br><br>관련기출 \| comment<br>2022 EBS 연계작품 「공무도하가」<br>음식을 먹어 보다의 '맛보다'도 같은 표기를 사용한다<br>ex) 이 고기 닉거다 네 맛보라 ᄧ녀 슴거우녀 엇더ᄒ고<br>이 고기 다 익었다. 네가 맛보아라. 짜냐 싱거우냐 어떠하냐? |

| 어휘 | 현대어 | 예문 |
| --- | --- | --- |
| 머흘다 | 험하고 사납다 | 백설이 자자진 골에 구루미 <u>머흐레라</u><br>흰 눈이 녹아 없어진 골짜기에 구름이 <u>험하구나</u><br>이색, 「백설이 자자진 골에~」<br><br>관련기출 \| comment<br>주로 구름과 함께 자주 쓰인다. 정지용의 조찬에서는 '머흘 머흘'이라는 구름이 뭉게뭉게 낀 모양의 의태어를 사용하기도 한다. |
| 메 | 밥 | 제사에 오르면 진 <u>메</u>이니<br>제사에 오르면 진 <u>밥</u>이니<br>작자미상, 「흥부가」<br><br>관련기출 \| comment<br>특히 제사상에 자주 쓰인다. 제사상에 올리는 국은 '갱'이라 한다. |
| 모쳐라 | 마침 | <u>모쳐라</u> 밤일식망졍 힝혀 낫이런들 놈 우일번 ᄒ괘라<br><u>마침</u> 밤이기에 망정이지 행여 낮이었으면 남이 보고 비웃을 뻔 했구나.<br>작자 미상, 「님이 오마 하거늘~」<br><br>관련기출 \| comment<br>2022 EBS 연계작품 「임이 오마 하거늘~」<br>11.06. 작자미상, 「두터비 파리를 물고~」<br>17.09. 작자미상, 「벽사창이 어른어른커늘」<br>'어떤 경우나 기회에 알맞게'라는 뜻으로 시조의 종장에 자주 사용된다. |

| 어휘 | 현대어 | 예문 |
| --- | --- | --- |
| 모첨 | 초가 | 모첨 비쵠 히를 옥누의 올리고져<br>초가집 처마에 비친 햇볕을 임 계신 궁궐에 올리고 싶다<br> 정철, 「사미인곡」 <br>**관련기출 \| comment**<br>2022 EBS 연계작품 「속미인곡」<br>15.09B. 정철, 「속미인곡」〈보기〉<br>16.09B. 신계영, 「전원사시가」<br>초가를 뜻하기도 하고, 초가집의 처마를 뜻하기도 한다. |
| 몬저 | 먼저 | 마음아 너란 있거라 몸만 몬저 가리라<br>마음아 너는 있거라 몸만 먼저 가겠다<br> 송순, 「늙었다 물러나자~」 <br>**관련기출 \| comment**<br>현재도 경기/전남/제주 지방의 방언으로 사용되기도 한다. |
| 몰 | 몰래 | 맛둥바올 바미 몰 안고가다<br>맛동서방을 밤에 몰래 안고가다<br> 서동, 「서동요」 |

| 어휘 | 현대어 | 예문 |
| --- | --- | --- |
| 몰온이 | 모르니 | 사람이 승지(勝地)를 <u>몰온이</u><br>사람들이 명승지를 <u>모르니</u><br> 이이, 「고산구곡가」 <br><br>'모르다'가 기본형이다. |
| 뫼 | 산(山) | <u>뫼</u>흔 길고 길고 물은 멀고 멀고<br>산은 길고 물은 멀고<br> 윤선도, 「견회요」 <br>관련기출 \| comment<br>2022 EBS 연계작품 「속미인곡」<br>07.06. 안민영, 「매화사」<br>07.09. 윤선도, 「만흥」<br>10.수능. 송순, 「면앙정가」<br>12.06. 윤선도, 「견회요」<br>16.09B. 신계영, 「전원사시가」<br>21.09. 윤선도, 「만흥」 |
| 뫼 | 수라 | 죽조반 조석 <u>뫼</u> 녜와 굿티 세시는가<br>자릿 조반과 아침 저녁 <u>진지</u>는 예전과 같이<br>잡수시는가<br> 정철, 「속미인곡」 <br>관련기출 \| comment<br>궁중용어로 흔히 알고 있는 '수라상'의 '수라'를 뜻한다. 높여서 부르는 표현이다. |

| 어휘 | 현대어 | 예문 |
| --- | --- | --- |
| 무심<br>(無心) | 아무 욕심이<br>없음 | 구름이 <u>무심탄</u> 말이 아마도 허랑(虛浪)하다.<br>구름이 <u>욕심이 없다는</u> 말은 허무맹랑하다.<br> 이존오, 「구림이 무심탄 말이~」 <br>관련기출ㅣcomment<br>2022 EBS 연계작품 「방옹시여」<br>2022 EBS 연계작품 「북천가」<br>08.수능. 권호문, 「한거십팔곡」<br>09.수능. 안조원, 「만언사」<br>10.09. 이현보, 「어부단가」<br>13.09. 박인로, 「누항사」<br>13.수능. 정철, 「성산별곡」<br>21.수능. 정철, 「사미인곡」 |
| 무슴 | 무슨 | 살인도모 하였느냐 항쇄족쇄는 <u>무슴</u> 일고<br>살인을 도모하였느냐 항쇄족쇄는 <u>무슨</u> 일인가<br> 작자미상, 「형장가」 <br>관련기출ㅣcomment<br>2022 EBS 연계작품 「거창가」<br>2022 EBS 연계작품 「향산별곡」 |
| 무장공자<br>(無腸公子) | 기개나 담력이<br>없는 사람 | 섯달이라 제석날 밤은 <u>무장공자</u>라도 참기 어려우니<br>설달 그믐날 밤은 <u>기개가 없는 사람</u>도 참기 어려우니<br> 작자미상, 「월령상사가(관등가)」 <br>관련기출ㅣcomment<br>창자 장(腸)을 사용한다. '게'를 뜻하며 다급하면 대항하기보다는 다리를 끊고 도망가는 게를 빗대어 담력이 없는 사람을 비웃는 말이다. |

| 어휘 | 현대어 | 예문 |
| --- | --- | --- |
| 므쇠 | 무쇠 | <u>므쇠</u>로 텰릭을 몰아 나는<br>무쇠로 관복을 재단하여<br>작자미상, 「정석가」<br><br>관련기출 \| comment<br>2022 EBS 연계작품 「정석가」 |
| 므스,<br>므슴 | 무엇, 무슨 | <u>므스</u>일 원수로서 잠조차 씌오는가<br><u>무슨</u> 일로 나와 원수가 되어 나의 잠마저 깨우는가<br>허난설헌, 「규원가」<br><br>관련기출 \| comment<br>2022 EBS 연계작품 「방옹시여」<br>2022 EBS 연계작품 「우국가」<br>2022 EBS 연계작품 「규원가」<br>2022 EBS 연계작품 「속미인곡」<br>10.06. 정철, 「관동별곡」　　15.06B. 이황, 「도산십이곡」<br>17.09. 신흠, 「방옹시여」　　21.06. 정철, 「관동별곡」<br>21.수능. 정철, 「사미인곡」 |
| 믈/블/플 | 물/불/풀 | <u>믈</u> ᄀ튼 얼굴이 편ᄒ실 적 몃 날인고<br>물 같이 연약한 몸이 편하실 때가 몇 날인고<br>정철, 「속미인곡」<br>플은 어이ᄒ야 프르는 듯 누르ᄂ니<br>풀은 어찌하여 푸른 듯하다가 누래지는가<br>윤선도, 「오우가」<br><br>관련기출 \| comment<br>2022 EBS 연계작품 「속미인곡」<br>21.06. 정철, 「관동별곡」<br>순음(입술소리) 다음의 비원순 모음인 'ㅡ'가 원순모음인 'ㅜ'로 바뀌는 음운 현상을 원순모음화라 한다. |

| 어휘 | 현대어 | 예문 |
|---|---|---|
| 믜다 | 미워하다 | 믜리도 괴리도 업시 마자셔 우니노라<br>미워할이도 사랑한 이도 없이, 맞아서 우노라<br> 작자미상, 「청산별곡」 |
| 미타찰<br>(彌陀刹) | 극락세계<br>서방정토 | 아야 미타알아 맛보올 나<br>아아 미타찰에서 만날 나<br> 월명사, 「제망매가」 <br>**관련기출 ‖ comment**<br>08.06. 월명사, 「제망매가」<br>미타찰은 아미타불이 있는 극락세계를 뜻한다. |
| ᄆᆞᅀᆞᆯ | 마을 | 믈ᄀᆞ 구룺 흔 고비 ᄆᆞᅀᆞᆯ홀 아나 흐르ᄂᆞ니<br>맑은 강의 한 굽이 마을을 안아 흐르니<br> 두보, 「강촌」 |

| 어휘 | 현대어 | 예문 |
|---|---|---|
| 믉군 | 맑은 | 믉군 フ룺 호 고비 只슬홀 아나 흐르느니<br>맑은 강의 한 굽이 마을을 안아 흐르니<br> 두보, 「강촌」 |
| 몰다 | 재단하다,<br>잘라내다 | 칼로 몰아냇가, 붓으로 그려냇가<br>칼로 재단해내었는가 붓으로 그려내었는가<br> 정극인, 「상춘곡」 <br>**관련기출 \| comment**<br>2022 EBS 연계작품 「정석가」<br>11.수능. 정극인, 「상춘곡」<br>14.수능AB. 정극인, 「상춘곡」<br>현재도 옷을 만들 때 옷감을 치수에 맞추어 자르는 일을<br>'마름질'이라 한다. |
| 미 | 들 | 무릉이 가깝도다 저 미이 긘거이고<br>무릉 도원이 가깝도다 저 들이 그 곳인가 보다.<br> 정극인, 「상춘곡」 |

| 어휘 | 현대어 | 예문 |
| --- | --- | --- |
| 바도림다 | 바치겠습니다 | 고잘 것거 <u>바도림다</u><br>꽃을 꺾어 <u>바치겠습니다</u><br><br>견우노옹, 「헌화가」 |
| 바른 | 바다 | 살어리 살어리랏다 <u>바른</u>래 살어리랏다<br>살아갈 것이오. 살아갈 것이오. <u>바다</u>에<br>살으리로다.<br><br>작자미상, 「청산별곡」<br><br>관련기출 \| comment<br>'바룰'로 사용되기도 하고, 제주 방언에서도 '바르 촙으레 간다'와<br>같이 비슷하게 남아있다. |
| 바히,<br>바이 | 전혀 | 말씀을 굴희여 내면 결올 일이 <u>바히</u> 업고<br>말을 가려서 하면 다툴 일이 <u>전혀</u> 없고<br><br>낭원군의 시조<br><br>관련기출 \| comment<br>2022 EBS 연계작품 「향산별곡」 |

| 어휘 | 현대어 | 예문 |
| --- | --- | --- |
| 바회 | 바위 | 바회 우희 접듀(接柱)ᄒ요이다<br>바위 위에 접을 붙입니다<br>작자미상, 「정석가」<br><br>관련기출 \| comment<br>2022 EBS 연계작품 「정석가」<br>19.06. 작자미상, 「서경별곡」<br>21.09. 윤선도, 「만흥」 |
| 반듯기 | 반듯하게 살기,<br>평탄하게 살기 | ᄒ물며 백년이 반듯기 어려우니<br>하물며 백 년을 살아도 반듯하게 살기 어려우니<br>안조원, 「만언사」 |
| 반물 | 짙은 남빛 | 열새 무명 반물 치마 눈물 씻기 다 젖었네<br>고운 무명 짙은 남빛 이마 눈물에 씻기어 다 젖엇네<br>작자미상, 「시집살이노래」<br><br>관련기출 \| comment<br>2022 EBS 연계작품 「한양가」<br>14.06AB. 작자미상, 「시집살이노래」<br>쪽잎을 사용해 짙은 남빛으로 염색하는 것을 반물 염색이라고 하였다 |

| 어휘 | 현대어 | 예문 |
| --- | --- | --- |
| 방송하다 | 내보내다. 석방하다 | 서대주의 착한 마음을 본받아라 하고 인하여 방송하니<br>서대주의 착한마음을 본받아라 하고 도장을 찍어 내보내니<br><br>작자미상, 「서동지전」 |
| 백구(白鷗) | 갈매기 | 백구야 날지 말아 너와 망기 하오리라<br>흰 갈매기야 날지 말아라. 너와 속세의 일과 욕심을 잊고 싶구나<br><br>권구, 「병산유곡」<br><br>**관련기출 \| comment**<br>2022 EBS 연계작품 「방옹시여」<br>2022 EBS 연계작품 「백구야 말 물어보자~」<br>2022 EBS 연계작품 「율리유곡」<br>09.09. 안조원, 「만언사」<br>10.09. 이현보, 「어부단가」<br>11.수능. 김광욱, 「율리유곡」<br>13.09. 박인로, 「누항사」<br>13.09. 권구, 「병산육곡」<br>15.06B. 이황, 「도산십이곡」<br>15.09B. 조위, 「만분가」<br>19.06. 조위, 「만분가」<br>백구는 인간의 무심을 알아보는 대상으로 어부가 갈매기를 잡으려는 마을을 갖고 바다로 나서자 평소에는 그를 따르던 갈매기들이 멀리 도망가 버렸다는 고사가 있다. (2016년 3월 고3 모의고사 〈보기〉) |

| 어휘 | 현대어 | 예문 |
| --- | --- | --- |
| 백발옹 | 백발의 늙은이 | 이삼 <u>백발옹</u>은 거문고와 노래로다<br>두어명의 <u>노인</u>은 거문고 뜯으며 노래하도다<br>안민영, 「매화사」<br><br>관련기출 \| comment<br>07.06. 송순, 「면앙정가」<br>14.09AB. 안민영, 「매화사」 |
| 버히다 | 베다 | 원앙금 <u>버혀내어</u> 님의 옷 만들고자<br>원앙새 무늬가 든 비단을 <u>베어놓고</u> 임의 옷을<br>만들어내니<br>정철, 「사미인곡」<br><br>관련기출 \| comment<br>2022 EBS 연계작품 「어와 버힐시고~」<br>2022 EBS 연계작품 「동짓달 기나긴 밤을~」<br>15.수능B. 정철, 「관동별곡」<br>21.06. 정철, 「관동별곡」 |
| 베플다 | 베풀다 | 침실 문 밧긔 허위를 <u>베프러</u> 울고<br>침실 문 밖에 허위를 <u>베풀어</u> 울고<br>「오륜행실도」<br><br>관련기출 \| comment<br>원순모음화의 사례이다. |

| 어휘 | 현대어 | 예문 |
|---|---|---|
| 벼기다 | 우기다<br>모함하다 | <u>벼기시더니</u> 뉘러시니잇가 위러시니잇가<br><u>모함하던</u> 이 누구였습니까, 누구였습니까<br>　　　　　　　　　　　작자미상, 「만전춘」<br><br>**관련기출 ｜ comment**<br>어기다, 배신하다의 뜻으로 사용되기도 한다.<br>ex) 맹서를 벼기더니이다 |
| 벽계수<br>(碧溪水) | 푸른 시냇물 | 청산리 <u>벽계수</u>야 수이 감을 자랑마라<br>청산 속에 흐르는 <u>푸른 시냇물</u>아, 빨리 흘러간다고<br>자랑 마라<br>　　　　　　　　황진이, 「청산리 벽계수야 ～」<br><br>**관련기출 ｜ comment**<br>11.수능. 정극인, 「상춘곡」<br>14.수능AB. 정극인, 「상춘곡」<br>세종의 서자의 손자인 이종숙이 벽계수라 불렸는데 황진이와 얽힌<br>이야기가 있다. |
| 별헤 | 벼랑에 | 유월 보로매 아으 <u>별헤</u> 브룐 빗 다호라<br>6월 보름 <u>벼랑에</u> 버린 빗 같구나<br>　　　　　　　　　　　작자미상, 「동동」<br><br>**관련기출 ｜ comment**<br>2022 EBS 연계작품 「정석가」 |

| 어휘 | 현대어 | 예문 |
| --- | --- | --- |
| 볏뉘 | 햇살 | 구름 낀 <u>볏뉘</u>도 �씐 적이 업건마는<br>구름 사이 <u>햇살</u>도 본 적이 없지만<br> 조식, 「삼동에 뵈옷 닙고」 |
| 볕티 | 볕의, 햇볕의 | 고은 <u>볕티</u> 쬐얀ᄂ디 믈결이 기름ᄀᆞᆺ다<br>따스한 봄볕의 희맑게 내리쪼이니,<br>물결은 기름이 어린 듯 반짝이는구나.<br> 윤선도, 「어부사시사」 |
| 뵈ᅀᆞᇦ니 | 뵈오니 | 聖子革命(성자혁명)에 帝祜(제호)를 <u>뵈ᅀᆞᇦ니</u><br>이것은 그 성자(=무왕)가 혁명을 일으키려 하매,<br>하늘이 내리신 복을 <u>보일 것이니</u><br> 「용비어천가」 |

| 어휘 | 현대어 | 예문 |
| --- | --- | --- |
| 부용<br>(芙蓉) | 연꽃 | <u>부용</u>을 고잣는 듯<br><u>연꽃</u>을 꽂아 놓은 듯<br> 정철, 「관동별곡」 <br><br>2022 EBS 연계작품 「방옹시여」<br>2022 EBS 연계작품 「한양가」<br>10.06. 정철, 「관동별곡」<br>13.06.정철, 「사미인곡」<br>17.09. 신흠, 「방옹시여」<br>21.06. 정철, 「관동별곡」<br>한자로 연꽃 부(芙), 연꽃 용(蓉)을 사용한다. |
| 부용장<br>(芙蓉帳) | 연꽃 무늬가<br>있는 휘장 | <u>부용장(芙蓉帳)</u> 적막(寂寞)하니 뉘 귀에 들리소니<br>연꽃 무늬가 있는 휘장을 친 방이 조용하니 누구의<br>들리겠는가<br> 허난설헌, 「규원가」 <br><br>EBS 연계작품 「규원가」 |
| 뷔다 | 비다 비어있다 | 주머니 <u>뷔엿거든</u> 병이라 담겨시랴<br>주머니가 <u>비었는데</u>, 술병에 술이 담겨 있겠느냐<br> 박인로, 「누항사」 |

| 어휘 | 현대어 | 예문 |
| --- | --- | --- |
| 불워ᄒ다 | 부러워하다 | 보기의 신신(新新)ᄒ야 오신채 불워ᄒ랴?<br>보기에 싱싱하니 오신채를 부러워하랴?<br> 정학유, 「농가월령가」 |
| 빗기 | 가로, 비스듬히 | 靑燈(청등)을 돌라 노코 綠綺琴(녹기금) 빗기 안아<br>등불을 돌려 놓고 푸른 거문고를 비스듬히 안아<br> 허난설헌, 「규원가」 <br>관련기출 \| comment<br>2022 EBS 연계작품 「거창가」<br>EBS 연계작품 「규원가」<br>16.수능A. 맹사성, 「강호사시가」 |
| 빅마금편<br>(백마금편) | 백마와 금으로<br>만든 채찍 | 오류츈광 경 조흔 딕 빅마금편 화류 가즈<br>봄 경치가 좋은데, 백마를 타고 호화로운 치장을<br>하여 꽃구경 가자<br> 작자미상, 「백구사」 <br>관련기출 \| comment<br>2022 EBS 연계작품 「규원가」 |

| 어휘 | 현대어 | 예문 |
|---|---|---|
| 뜻드르다 | (아래로) 떨어지다 | 대쵸볼 불근 골에 밤은 어디 <u>뜻드르며</u><br>대추의 볼이 빨갛게 익은 골짜기에 밤은 어찌하여 <u>떨어지며</u><br> 황희, 「대쵸볼 불근 골에~」 <br><br>ㅂ과 다른 자음이 합용병서되면 된소리로 발음한 것이 현재 발음에 가까울 가능성이 높다. |
| 씻다 | 씻다 | 흔적곳 씌시른휘면 고텨 <u>씻기</u> 오려우리<br>한 번이라도 때가 묻으면 다시 <u>씻기</u>가 어려웁다<br> 정철, 「훈민가」 |
| 빙자옥질<br>(氷姿玉質) | 빙자옥질 | <u>빙자옥질(氷姿玉質)</u>이여 눈 속에 네로구나<br><u>빙자옥질</u>이여, 눈 속에 매화 너로구나<br> 안민영, 「매화사」 <br><br>14.09AB. 안민영, 「매화사」<br>얼음같이 맑고 깨끗한 살결과 옥같이 아름다운 성질을 뜻한다. 매화의 다른 이름이기도 하다. |

| 어휘 | 현대어 | 예문 |
|---|---|---|
| 사괴다 | 사귀다 | 벗을 <u>사괴오대</u> 처음에 삼가야<br>벗을 <u>사귀되</u> 처음에 조심하여<br> 김상용, 「오륜가」 <br>`관련기출` \| comment<br>2022 EBS 연계작품 「오륜가」 |
| 사양<br>(斜陽) | 석양 | <u>사양</u>과 섯거디어 세우조츠 뿌리ᄂᆞ다<br><u>석양</u>과 섞여 가랑비조차 뿌리는구나<br> 송순, 「면앙정가」 <br>`관련기출` \| comment<br>07.06. 송순, 「면앙정가」<br>비낄 사(斜)를 사용하는데, 해질 무렵 비스듬히 비치는 해이므로 석양을 뜻한다. |
| 사창<br>(紗窓) | 비단을 바른<br>얇은 창 | 제 혼자 우러 녜어 <u>사창</u> 여윈 ᄌᆞᆷ을 숣드리도<br>저 혼자 계속 울어, <u>비단 창문</u> 안에 살풋 든 잠을 깨우는 구나<br> 작자미상, 「제 혼자 우러 녜어~」 <br>`관련기출` \| comment<br>옥창/규방/사창은 모두 여성의 방을 나타내는 말이다.<br>EBS 연계작품 「규원가」(옥창)<br>2022 EBS 연계작품 「자술」<br>09.수능. 작자미상, 「춘면곡」(옥창) |

| 어휘 | 현대어 | 예문 |
|---|---|---|
| 사호맷 | 싸움의 | 사호맷 리 關山(관산)ㅅ 北(북)녀긔 잇ᄂ니<br>싸움의 말이 관산의 북쪽에 있으니<br> 두보, 「등악양루」 <br>**관련기출 \| comment**<br>2022 EBS 연계작품 「방옹시여」<br>2022 EBS 연계작품 「우국가」<br>'사홈'은 '싸움', '사호다'는 '싸우다'의 뜻을 가진다. |
| 삼기다 | 생기다<br>태어나다<br>만들어지다 | 이 몸 삼기실 제 님을 조차 삼기시니<br>이몸이 태어날 때 임을 따라 태어나니<br> 정철, 「사미인곡」 <br>**관련기출 \| comment**<br>2022 EBS 연계작품 「우국가」<br>2022 EBS 연계작품 「오륜가」<br>21.수능. 정철, 「사미인곡」 |
| 삼경<br>(三更) | 밤 11시<br>~ 오전 1시<br>(깊은 밤) | 이화에 월백하고 은한이 삼경인 제<br>배꽃에 달은 환히 비치고, 은하수는 돌아서 깊은<br>밤을 알리는 때에<br> 이조년, 「다정가」 <br>**관련기출 \| comment**<br>09.수능. 작자미상, 「춘면곡」<br>15.06A. 이조년, 「이화에 월백하고~」<br>옛날에는 하룻밤을 다섯으로 나누어 '오경'이라 불렀다.<br>초경-19시~21시, 이경-21시~23시, 삼경-23시~01시,<br>사경-1시~3시, 오경-3시~5시 |

| 어휘 | 현대어 | 예문 |
|---|---|---|
| 삼공<br>(三公) | 삼정승 | 누고셔 <u>삼공</u>도곤 낫하더니 만승이 이만하랴<br>어떤 사람이 <u>삼정승</u>보다 낫다고 하더니, 천자의<br>삶이 이보다 좋겠는가<br> 윤선도, 「만흥」 <br>`관련기출` \| comment<br>2022 EBS 연계작품 「율리유곡」<br>07.09. 윤선도, 「만흥」<br>11.수능. 김광욱, 「율리유곡」<br>고려시대에는 태위, 사도, 사공을 삼공이라 하였으며,<br>일본/중국에서도 3개의 최고위 대신의 직위를 삼공이라 한다. |
| 삼춘 삼하<br>삼추 삼동 | 봄 여름 가을<br>겨울 | <u>삼춘</u>화류 호시절에 경물이 시름업다<br>봄날 온갖 꽃 피고 버들잎이 돋는 좋은<br>시절이지만, 나는 아름다운 경치를 보아도 아무<br>생각이 없다.<br> 허난설헌, 「규원가」 <br>`관련기출` \| comment<br>2022 EBS 연계작품 「거창가」<br>EBS 연계작품 「규원가」<br>일 년이 12개월이므로 사계절로 나누어 각 계절의 석 달을<br>뜻한다. |
| 상성 | 실성<br>(이성을 잃음) | <u>상성</u>한 광인인가 실혼한 병인인가<br><u>정신 나간</u> 미친 사람인가 영혼 잃은 환자인가<br> 안도환, 「만언사답」 |

| 어휘 | 현대어 | 예문 |
|---|---|---|
| 새배 | 새벽 | <u>새배</u> 빗나쟈 백설이 소뢰한다<br><u>새벽이</u> 돌아와 낡이 밝으니 온갖 것들이<br>소리하는구나<br> 이휘일, 「전가팔곡」 <br>**관련기출 \| comment**<br>'새'는 '새로움', '동쪽'이란 뜻을 갖는데, 해가 동쪽에서 떠오르므로 먼동이 트려 할 무렵의 동쪽을 본다는 뜻으로 '새배'는 '새벽'이라는 뜻을 갖는다. |
| 새암 | 샘, 샘터 | <u>새암</u>을 찾아가서 점심 도슭 부시고<br>샘을 찾아가서 점심 도시락 비우고<br> 작자미상, 「논 밭 갈아 기음 매고」 <br>**관련기출 \| comment**<br>김영랑 시인이 '마당 앞 맑은 새암을'에서 사용하기도 했다. |
| 새오다/<br>싀오다 | 질투하다 | 셩낸 가마귀 흰 비츨 <u>싀올셰라</u><br>성낸 까마귀가 흰 빛은 <u>샘낼끼</u> 두렵구나<br> 정몽주의 어머니 이씨, 「백로가」 <br><u>새옴</u> 브르고 늄 업시브더니<br><u>샘이</u> 많고 다른 사람 업신여기더니<br> 「월인석보」 <br>**관련기출 \| comment**<br>현재도 '샘이 많다'와 같은 형태로 쓰인다. |

| 어휘 | 현대어 | 예문 |
|---|---|---|
| 선ᄒ다 | 서운하다 | 잡ᄉ와 두어리마ᄂᆞ는 <u>선ᄒ면</u> 아니올셰라<br>잡아두고 싶지만 <u>서운하면</u> 오지 않을까 두렵다<br> 작자미상, 「가시리」 <br>`관련기출` comment<br>2022 EBS 연계작품 「가시리」<br>17.06. 작자미상, 「가시리」 |
| 섬섬옥수<br>(옥수) | 고운 손 | <u>옥수</u>의 타는 수단 넷 소래 잇다마는<br><u>아름다운 손</u>으로 타는 솜씨에 옛가락이 아직<br>남아있지만(솜씨는 여전하지만)<br> 허난설헌, 「규원가」 <br>`관련기출` comment<br>2022 EBS 연계작품 「모시를 이리저리 삼아~」<br>성별을 가리지 않고 사용된다. 한시인 시경위풍의 갈구 시에서<br>나온 말이다.<br>纖纖玉手(섬섬옥수) 곱고 가녀린 손으로 |
| 성진<br>(腥塵) | 비린내가 나는<br>먼지, 어지러운<br>세상을 뜻함 | 不斷<u>腥塵</u>一掃尋(부단성진일소심)<br><u>더러운 세상</u> 한 칼로 쓸어버릴 길 없도다<br> 김좌진, 「단장지통」 <br>`관련기출` comment<br>먼지 진(塵)이 포함되면 홍진, 풍진, 성진, 진세와 같이 부정적인<br>의미를 갖는 경우가 많다. |

| 어휘 | 현대어 | 예문 |
|---|---|---|
| 세우<br>(細雨) | 가는 비 | 녹양방초는 <u>세우</u>중에 프르도다<br>푸른 버드나무와 꽃다운 풀은 <u>가랑비</u> 속에 푸르구나<br> 정극인, 「상춘곡」 <br><br>2022 EBS 연계작품 「거창가」<br>2022 EBS 연계작품 「영산가」<br>07.06. 송순, 「면앙정가」<br>11.09. 이신의, 「단가 육장」<br>11.수능. 정극인, 「상춘곡」<br>특히 가볍게 내리는 봄비를 의미한다. |
| 셔다 | 서다 | 난간에 비겨<u>셔서</u> 님 가신 바라보니<br>난간에 기대어 <u>서서</u> 임 가신데를 바라보니<br> 허난설헌, 「규원가」 |
| 셩근 | 드문드문한 | 어리고 <u>셩근</u> 매화 노를 밋지 안앗더니<br>연약하고 <u>엉성한</u> 매화 너를 믿지 아니 하였더니<br> 안민영, 「어리고 셩근 매화~」 <br><br>정지용의 향수에서 '하늘에는 셩근 별'이라는 표현이 사용되고 있다. 드문드문 별이 떨어져 있음을 표현한 말이다. |

| 어휘 | 현대어 | 예문 |
| --- | --- | --- |
| 셰사<br>(世事) | 세상에서<br>일어나는<br>온갖 일 | 큰나큰 <u>셰사</u>(歲事)을 엇지하여 니로려료<br>크나큰 <u>세간</u>을 어찌하여 일으키려는가?<br> 허전, 「고공가」 <br>관련기출 \| comment<br>13.수능. 정철, 「성산별곡」 |
| 소(沼),<br>지당<br>(池塘) | 연못 | 말가흔 기플 <u>소희</u> 온간 고기 뛰노ᄂ다<br>맑고 깊은 <u>연못에</u> 온갖 고기 뛰어논다<br> 윤선도, 「어부사시사」 |
| 소겻관디 | 속였기에 | 내 언제 신이 업서 님을 언제 <u>소겻관디</u><br>내 언제 믿음이 없어 님을 언제 <u>속였기에</u><br> 황진이, 「내 언제 신이 업서」 |

| 어휘 | 현대어 | 예문 |
|---|---|---|
| 소릭 | 소리 | 초당(草堂)에 곤이 든잠 학(鶴)의 <u>소릭</u> 깨여보니<br>초당에 곤히 든 잠 학의 <u>소리에</u> 놀라 깨니<br>　　　　　　　작자미상, 「초당에 곤히 든 잠~」 |
| 소반<br>(小盤) | 소박한 밥상 | 네 다리 <u>소반위에</u> 멀건 죽 한그릇<br>네 다리로 된 <u>소박한 밥상</u> 위에 멀건 죽 한 그릇<br>　　　　　　　　　　　　　김삿갓, 「무제」<br><br>**관련기출 \| comment**<br>14.06AB. 작자미상, 「시집살이노래」<br>호화롭지 않은 작은 밥상이라는 뜻이다. |
| 소부허유 | 소부와 허유 | 이제로 헤어든 <u>소부허유</u> 약돗더라<br>이제 생각해보니 <u>소부와 허유</u>는 참 영리했구나<br>　　　　　　　　　　　　　윤선도, 「만흥」<br><br>**관련기출 \| comment**<br>07.09. 윤선도, 「만흥」<br>21.09. 윤선도, 「만흥」<br>허유가 귀를 씻은 영천의 물이 더럽혀졌다 하여 소부가 몰고 온<br>소가 마시지 못하게 하였다는 고사로 유명하다. |

| 어휘 | 현대어 | 예문 |
|---|---|---|
| 손임 | 손님 | 낫이면 <u>손임</u> 접대 걸터앉기 가장 죠코<br>낮이면 <u>손님</u> 접대 걸터앉기에 가장 좋고<br><br>홍순학, 「연행가」 |
| 쇼 | 소 | 므쇠로 한<u>쇼</u>를 디여다가<br>무쇠로 큰 <u>소</u>를 만들어다<br><br>작자미상, 「정석가」<br><br>**관련기출 \| comment**<br>2022 EBS 연계작품 「정석가」<br>2022 EBS 연계작품 「거창가」 |
| 쇼로기 | 솔개 | 안즌 <u>쇼로기</u>도 갓고 석은 등걸에 부헝이도 갓데<br>땅에 앉은 <u>솔개</u> 같기도 하고, 썩은 등걸에 부엉이 같기도 하네<br><br>김수장, 「갓나희들이 여러 층이오레~」 |

| 어휘 | 현대어 | 예문 |
|---|---|---|
| 쇼쇼리ㅂ람 | 회오리바람 | 누른 해 흰 달 가난 비 굴근 눈 쇼쇼리 ㅂ람 불 제<br>뉘 한잔 먹쟈 할고<br>누런 해 흰 달 가는 비 굵은 눈 회오리 바람 불 때 누가 한잔 먹자고 할까<br> 정철, 「장진주사」 |
| 수기수기 | 깊이깊이 | 쌍배목 외걸새에 용 거북 자물쇠로 수기수기 잠갓더냐<br>쌍배목의 외걸쇠 금 거북 자물쇠로 꼭꼭 잠갔더냐<br> 작자미상, 「어이 못 오던가」 <br>**관련기출 \| comment**<br>2022 EBS 연계작품 「한숨아 세한숨아〜」<br>16.06B. 작자미상, 「어이 못오던다〜」 |
| 수이 | 쉽게 | 청산리 벽계수야 수이 감을 자랑마라<br>청산 속에 흐르는 푸른 시냇물아, 빨리 흘러간다고 자랑 마라<br> 황진이, 「청산리 벽계수야〜」 |

| 어휘 | 현대어 | 예문 |
| --- | --- | --- |
| 수픔<br>(슈픔) | 솜씨, 실력 | <u>수픔</u>은 카니와 제도도 가잘시고<br><u>솜씨</u>는 뭐라할 것도 없거니와 격식까지도 잘<br>갖추었구나<br><br>정철, 「사미인곡」<br><br>**관련기출 \| comment**<br>13.06.정철, 「사미인곡」<br>한자로 '手品'을 사용한다. |
| 쉬리 | 쉴 사람 | 나모도 병이 드니 정자라도 <u>쉬리</u> 업다<br>나무도 병이 드니 정자라도 <u>쉴 사람</u>이 없다<br><br>정철, 「나모도 병이 드니~」<br><br>**관련기출 \| comment**<br>쉴+이가 쉬리로 사용된 것이다. |
| 슈괴<br>(羞愧)<br>하다 | 부끄럽고<br>괴이하다 | 우습고 긔괴(奇怪)하니 남 보기 <u>슈괴(羞愧)하다</u><br>우습고 괴이하니 남 보기에 <u>부끄럽다</u><br><br>김인겸, 「일동장유가」 |

| 어휘 | 현대어 | 예문 |
|---|---|---|
| 슈통 | 살찐 | 겨갓튼 갈랑니 보리알갓튼 슈통이 잔벼룩<br>굵은벼룩 왜벼룩<br>겨같은 작은이 보리알 같이 살찐 이, 잔벼룩<br>굵은벼룩 왜벼룩<br> 작자미상, 「사설시조」 |
| 슬믜다 | 싫고 밉다 | 왕뎡이 유한하고 풍경이 못 슬믜니<br>왕정은 끝이 있는데, 또한 자연의 풍경은 도무지<br>싫증나지 않으니<br> 정철, 「관동별곡」 <br>**관련기출 \| comment**<br>'~아/~어'가 결합하지 않고 '슳+믜'의 형태로 사용되어<br>비통사적 합성어라 볼 수 있다. |
| 슬ㅋ장 | 실컷 | ᄆᆞ음의 머근 말ᄉᆞᆷ 슬ㅋ장 ᄉᆞᆲ쟈 ᄒᆞ니<br>마음 속에 품은 생각을 실컷 아뢰려고 하였더니<br> 정철, 「속미인곡」 <br>**관련기출 \| comment**<br>2022 EBS 연계작품 「속미인곡」<br>07.09. 윤선도, 「만흥」<br>21.09. 윤선도, 「만흥」 |

| 어휘 | 현대어 | 예문 |
|---|---|---|
| 슬타 | 싫다 | 내 빈천을 <u>슬히</u> 녀겨<br>내 가난과 천함을 <u>싫게</u> 여겨<br><br>박인로, 「누항사」 |
| 슬허ᄒ다 | 슬퍼하다 | ᄉ름이 져 식만 못ᄒ믈 못ᄂᆡ <u>슬허ᄒ노라</u><br>사람이 저 새(까마귀)만도 못함이 못내 <u>슬퍼하노라</u><br><br>박효관, 「뉘라서 가마귀를」<br><br>관련기출 \| comment<br>18.수능. 이정환, 「비가」 |
| 승지<br>(勝地) | 아름다운 곳 | 사람이 <u>슝지</u>를 모르니 알게 한들 어떠리<br>사람들이 이 <u>아름다운 곳</u>을 모르니 알게 하면 어떠하겠는가<br><br>이이, 「고산구곡가」<br><br>관련기출 \| comment<br>현재도 '명승지'와 같은 형태로 사용되며, 관직명 중에서도 '승지'를 찾아볼 수 있다. |

| 어휘 | 현대어 | 예문 |
|---|---|---|
| 싀여디다 | 시여지다 (물 새듯이 없어지다), 죽어 없어져 | 출하리 <u>싀여디여</u> 범나븨 되어리라<br>차라리 <u>죽어</u> 범나비가 되리라<br> 정철, 「사미인곡」 <br>**관련기출 \| comment**<br>2022 EBS 연계작품 「속미인곡」<br>15.09B. 조위, 「만분가」<br>15.09B. 정철, 「속미인곡」〈보기〉<br>19.06. 조위, 「만분가」 |
| 시비 (柴扉) | 사립문 | <u>시비</u>를 여지마라, 날 츠즈리 뉘 이시리<br><u>사립문</u>을 열지 마라, 날 찾은 사람이 누가 있겠느냐<br> 신흠, 「방옹시여」 <br>**관련기출 \| comment**<br>17.09. 신흠, 「방옹시여」<br>2022 EBS 연계작품 「방옹시여」<br>사립문은 나뭇가지를 엮어서 만든 문으로, 속세와 자연을 구분하는 것의 의미로 사용되기도 한다. '시비'에는 '곁에서 시중을 드는 계집 종', '옳고 그름을 따짐'이라는 뜻도 있다. |
| 시앗 | 첩 | 요악한 아우 동서 여우 같은 <u>시앗년</u>에<br>요악한(가나한) 아우 동서와 여우 같은 <u>첩년</u>에<br> 작자미상, 「용부가」 <br>**관련기출 \| comment**<br>특히 '아내'의 시점에서 첩을 일컬을 때 '시앗'이라고 표현한다. |

| 어휘 | 현대어 | 예문 |
|---|---|---|
| 실람 | 시름 | 우리는 너의만 못ᄒ야 <u>실람</u> 계워 ᄒ노라<br>우리는 너희만 못해서 <u>시름</u>겨워 한다<br>이정환, 「구렁에 낫는 풀이~」 |
| 실솔<br>(蟋蟀) | 귀뚜라미 | 님 글인 상사몽이 <u>실솔</u>이 넉시되야<br>임을 그리워하며 꾸는 꿈에 <u>귀뚜라미</u>의 넋이 되어<br>박효관, 「님 글인 상사몽이~」<br><br>**관련기출 \| comment**<br>EBS 연계작품 「규원가」<br>귀뚜라미는 밤에 우는 곤충으로, 밤에 느끼는 그리움과 같은<br>감정을 강조할 때 사용되곤 한다. |
| 스셜 | 사정, 이야기 | 어와 네여이고 내 <u>스셜</u> 드러보오<br>아아 너로구나 내 <u>사정</u> 들어봐라<br>정철, 「속미인곡」<br><br>**관련기출 \| comment**<br>2022 EBS 연계작품 「속미인곡」<br>14.06AB. 정철, 「속미인곡」〈보기〉 |

| 어휘 | 현대어 | 예문 |
| --- | --- | --- |
| 슬쯔리 | 살뜰이 | 주추리 삼대 <u>슬쯔리</u>도 나를 소겨다<br>주추리 삼대 나를 <u>살뜰이</u>(얄밉게) 속였구나<br> 작자미상, 「님이 오마 하거늘~」 <br>**관련기출 \| comment**<br>2022 EBS 연계작품 「임이 오마 하거늘~」<br>지금의 살뜰하다라는 의미와는 차이가 있다. 매우 정성스럽게 하여 빈틈이 없고 사랑하고 위하는 마음이 자상하고 지극하다라는 의미이다. |
| 숣다 | 사뢰다 | 말쏨물 <u>솔</u><u>ㅸ</u><u>리</u> 하디<br>말씀을 <u>사뢰는</u> 사람이 많되<br> 「용비어천가 13장」 <br>**관련기출 \| comment**<br>2022 EBS 연계작품 「몽천요」<br>사뢰다는 '여쭙다'와 유사한 의미이다. |
| 숯꼬기 | 새끼 꼬기 | <u>숯꼬기</u> 마릇시고 내 말솜 드로쇼셔.<br>새끼 꼬기 그만 하고 내 말씀을 들으십시오<br> 이원익, 「고공답주인가」 <br>**관련기출 \| comment**<br>16.수능B. 이원익, 「고공답주인가」 |

| 어휘 | 현대어 | 예문 |
| --- | --- | --- |
| 씌우다 | 꺼리다 | 공명도 날 씌우고, 부귀도 날 씌우니<br>공명도 날 꺼리고, 부귀도 날 꺼리니<br>정극인, 「상춘곡」<br><br><br>ㅅ과 합용병서 되는 자음도 된소리로 발음하면 현대어와 비슷한 경우가 많다. |
| 씰 | 꺼릴 | 두어라 언의 곳 청산(靑山)이야 날 씰 줄이 잇시<br>두어라 어느 곳의 청산이야 날 꺼릴 줄이 있으랴<br>김천택, 「서검을 못 일우고~」 |
| 씨와다 | 깨우는도다 | 므스 일 원수로서 잠조차 깨우는다<br>무슨 일이 원수되어 잠마저 깨우는가?<br>허난설헌, 「규원가」 |

| 어휘 | 현대어 | 예문 |
|---|---|---|
| 짜히 | 땅이 | 여름날 더운 적의 단<u>짜히</u> 부리로다<br>여름날 더운 때에 뜨거워진 <u>땅이</u> 불과 같구나<br> 이휘일, 「저곡전가팔곡」 |
| 쫌 | 땀 | 밧고랑 미쟈ᄒ니 <u>쫌</u> 흘너 짜히 듯네<br>밭고랑 매자 하니 <u>땀</u> 흘러 땅에 떨어지네<br> 이휘일, 「저곡전가팔곡」 |
| 쎄쎄름 | 옳지 못하게 | <u>쎄쎄름</u> 제급(除給) 못고 에에로 제 일 ᄒ니<br><u>옳지 못하게</u> 빼돌려 모으고, 딴 꾀로 제 일 하니<br> 이원익, 「고공답주인가」 <br>**관련기출 \| comment**<br>'삐삐름'이라고도 쓰이며, 현대에 와서는 삐뚜름하다와 같이 변형되어 사용되기도 한다. |

| 어휘 | 현대어 | 예문 |
| --- | --- | --- |
| 아릿짜온 | 아름다운,<br>아리따운 | 용모는 옥 갓ᄒ여 <u>아릿짜온</u> 틱되<br>용모는 옥 같아서 <u>아름다운</u> 모습이되<br> 작자미상, 「전우치전」 <br>`관련기출 ┃ comment`<br>09.수능. 작자미상, 「춘면곡」 |
| 아소 | '아아!'라는<br>뜻의 감탄사 | <u>아소</u> 님하, 도람 도드샤 괴오서<br><u>아아</u> 님아. 다시 돌아와 사랑해주시옵소서<br> 정서, 「정과정」 <br>`관련기출 ┃ comment`<br>2022 EBS 연계작품 「만전춘별사」<br>아으, 아소, 어즈버, 두어라와 같은 다양한 감탄사가 시조의 종장에 자주 사용된다. |
| 아조 | 아주 | 煩勞(번로)ᄒᆫ ᄆᆞᆷ의 ᄇ릴 일이 <u>아조</u> 업다<br>번거로운 마음이지만 버릴 것이 <u>아예</u> 없다<br> 송순, 「면앙정가」 |

| 어휘 | 현대어 | 예문 |
|---|---|---|
| 아치고절 | 우아한 풍치,<br>높은 절개 | 아마도 아치고절(雅致高節)은 너뿐인가 하노라<br>아마도 우아한 풍치와 높은 절개는 너뿐인가 하노라<br><br>안민영, 「매화사」<br><br>`관련기출` \| `comment`<br>14.09AB. 안민영, 「매화사」 |
| 아해<br>(아희) | 아이 | 아해야 구럭망태 어두 서산에 날 늦거다<br>아이야 구럭과 망태를 거두어라 서산에 날 늦었다<br>조존성, 「아해야 구럭망태~」<br><br>`관련기출` \| `comment`<br>2022 EBS 연계작품 「방옹시여」<br>2022 EBS 연계작품 「한양가」<br>16.09B. 신계영, 「전원사시가」<br>자연에 있는 화자가 심부름을 시키는 대상으로 자주 등장한다. |
| 암으리 | 아무리 | 암으리 思郎(사랑)이 重(중)타 흔들 님님마다 좃츨야<br>아무리 사랑이 중요하다 한들 님마다 쫓으랴<br>박팽년, 「금생 여수이라 한들~」 |

| 어휘 | 현대어 | 예문 |
|---|---|---|
| 암향<br>(暗香) | 매화의 향기 | 촉 좁고 갓가이 사랑헐 제 <u>암향</u>좃차 부동터라<br>촛불 잡고 너를 가까이 감상할 때 <u>그윽한 향기</u> 떠도는구나<br> 안민영, 「매화사」 <br><br>13.06.정철, 「사미인곡」<br>19.06. 조위, 「만분가」<br>21.수능. 정철, 「사미인곡」<br>사군자 중 하나인 매화는 겨울에 은은한 향기를 풍기는 모습 때문에 지조와 절조를 상징한다. |
| 애돏다 | 애달프다 | 디나간 후ㅣ면 <u>애돏다</u> 엇디ᄒ리<br>돌아가신 뒤에 아무리 <u>애달프다</u> 한들 어쩌겠는가<br> 정철, 「훈민가」 <br><br>마음이 안타깝거나 쓰라리다. 애처롭고 쓸쓸하다 |
| 야유원<br>(冶遊園) | 기생집, 술집 | <u>야유원(冶遊園)</u>에 새 사람이 나단 말가<br><u>기생 집</u>에 새 사람이 나왔단 말인가<br> 허난설헌, 「규원가」 <br><br>2022 EBS 연계작품 「규원가」 |

| 어휘 | 현대어 | 예문 |
|---|---|---|
| **얄뮙다** | 얄밉다 | 개를 여라믄이나 기릐되 요 개ᄀᆞ치 <u>얄믜오랴</u><br>개를 열 마리 넘게 기르되 이 개같이 <u>얄미우랴</u><br> 작자미상, 「개를 여라믄이나~」 <br>**관련기출 \| comment**<br>말이나 행동이 약삭 빠르다 |
| **어리다** | 어리석다 | 이마음 <u>어리기도</u> 님 위한 탓이로세<br>이 마음 <u>어리석은 것도</u>, 모두가 임을 위하기 때문이다<br> 윤선도, 「견회요」 <br>**관련기출 \| comment**<br>07.09. 윤선도, 「만흥」<br>21.09. 윤선도, 「만흥」<br>16세기 말 부터는 '나이가 적다'라는 '어리다'라는 의미로 사용되기도 한다. '어리다–졈다–늙다'의 순서로 기억하면 된다 |
| **어리미친** | 어리석고 미친 | <u>어리 미친</u> 회포에 헌원씨를 애다노라<br><u>어리석고 미친</u> 마음에 헌원씨를 원망스럽게 여기노라<br> 박인로, 「선상탄」 |

| 어휘 | 현대어 | 예문 |
|---|---|---|
| 어여부다<br>어엿브다 | 불쌍하다,<br>가없다 | <u>어엿븐</u> 그림제 날 조출 뿐이로다<br><u>가없은</u> 그림자만이 나를 따를 뿐이로다<br> 정철, 「속미인곡」 **관련기출 \| comment**<br>19.06. 조위, 「만분가」<br>2022 EBS 연계작품 「속미인곡」<br>대략 18세기부터 '아름답다'의 의미도 나타내기도 한다. |
| 어져 | 후회의 감탄사 | <u>어져</u> 내 일이야 그릴 줄을 모로다냐<br><u>아!</u> 내가 한 일이 후회스럽구나<br> 황진이, 「어져 내 일이야~」 |
| 어적<br>(漁笛) | 어부의 피리<br>소리 | <u>어적도</u> 흥에 겨워 달을 따라 부는구나<br><u>어부의 피리 소리</u> 역시 흥을 이기지 못하여 달을<br>따라 계속 부르는가(한가로운 분위기)<br> 송순, 「면앙정가」 **관련기출 \| comment**<br>07.06. 송순, 「면앙정가」<br>물고기 어(魚)가 아닌 고기 잡을 어(漁)가 사용된다. |

| 어휘 | 현대어 | 예문 |
| --- | --- | --- |
| 어주<br>(魚舟) | 고기잡이배 | 어주에 누어신들 잊은 적이 있으랴<br>고기잡이 배에 누웠는들 잊은 적이 있겠느냐<br> 이현보, 「어부단가」 **관련기출 \| comment**<br>10.09. 이현보, 「어부단가」 |
| 어즈버 | 아아, 감탄사 | 어즈버 태평연월이 꿈이런가 하노라<br>아아 태평성대를 누리던 지날날의 하룻밤 꿈과<br>같구나　　　　　　　　길재, 「오백년 도읍지를~」<br>**관련기출 \| comment**<br>2022 EBS 연계작품 「몽천요」<br>2022 EBS 연계작품 「방옹시여」<br>2022 EBS 연계작품 「율리유곡」<br>09.06. 박인로, 「누항사」<br>11.09. 이신의, 「단가 육장」<br>13.09. 박인로, 「누항사」<br>17.09. 신흠, 「방옹시여」 |
| 어쳑 | 어처구니가 | 하 어쳑 업서셔 늣기다가<br>세상일이 하도 어처구니 없어서 흐느끼다 그리<br>웃는 것이네<br> 권섭, 「하하 허허 한들」 |

| 어휘 | 현대어 | 예문 |
|---|---|---|
| 얼다 | 정을 통하다 | <u>어론</u> 님 오신 밤이어든 구뷔구뷔 펴리라<br><u>사랑하는</u> 님이 오신 밤이면 굽이굽이 펼쳐내리라<br>황진이, 「동짓달 기나긴 밤을~」<br><br>관련기출 \| comment<br>2022 EBS 연계작품 「동짓달 기나긴 밤을~」<br>15.09B. 조위, 「만분가」<br>'얼다'는 정신적 사랑인 '괴다'와 달리 '육체적 사랑'을 뜻한다. |
| 업세라 | 없어라 | 아모리 갑고쟈 하야도 하올 일이 <u>업세라</u><br>아무리 갚으려 해도 내가 할 수 있는 일이 <u>없구나</u><br>윤선도, 「만흥」 |
| 업슨,<br>업시 | '없는', '없이' | 말 <u>업슨</u> 청산이요, 태 <u>업슨</u> 유수ㅣ로다<br>말 <u>없는</u> 청산이요, 형태 <u>없는</u> 흐르는 물이로다<br>성혼, 「말 업슨 청산이요~」 |

| 어휘 | 현대어 | 예문 |
| --- | --- | --- |
| **업쓸씌** | 없으니('~ㄹ 씌'가 사용됨) | 진실로 금하리 <u>업쓸씌</u> 나도 두고 논이노라<br>진실로 금하는 이 <u>없으므로</u> 나도 자연을 두고 노니노라<br><br>김천택, 「강산 죠흔 경을~」 |
| **에헐**<br>(瘀血) | 어혈 | 모쳐라 날낸 낼식만정 <u>에헐</u>질 번하괘라<br>마침 날랜 나였기에 망정이지 다쳐서 <u>어혈</u>질 뻔했구나<br>`관련기출` \| comment<br>11.06. 작자미상, 「두터비 파리를 물고~」<br>15.09A. 작자미상, 「임이 오마 하거늘~」<br>타박상 등으로 살 속에 피가 맺힌 멍을 뜻함 |
| **여름** | 열매 | 불휘 기픈 남ᄀᆞᆫ ᄇᆞᄅᆞ매 아니 뮐씨 곶 됴코<br><u>여름</u>ᄒᆞ나니<br>뿌리가 깊은 나무는 바람에 흔들리지 않으므로, 꽃이 좋게 피고 <u>열매</u>가 많다<br><br>「용비어천가 2장」 |

| 어휘 | 현대어 | 예문 |
| --- | --- | --- |
| **여어** | 엿보아 | 무심한 저 고기를 <u>여어</u> 무슴하려는다<br>사심 없이 노니는 저 고기를 <u>엿보아서</u> 무엇<br>하려느냐?<br> 신흠, 「냇가에 해오라비~」 <br>`관련기출` comment<br>2022 EBS 연계작품 「방옹시여」 |
| **여염**<br>**(閭閻)** | 서민들이 많이<br>모여 사는 곳 | 길가의 <u>여염</u>은 단청한 집들이 즐비하고<br>길가의 <u>백성들이 사는</u> 집은 색칠한 집들이 많고<br> 홍순학, 「연행가」 <br>`관련기출` comment<br>2022 EBS 연계작품 「한양가」<br>마을 려(閭)를 사용하여 여리, 여항과 같이 사용하기도 한다. |
| **여흘** | 여울 | 소콧 얼면 <u>여흘</u>도 됴ᄒ니 여흘도 됴ᄒ니<br>못이 얼면 <u>여울</u>도 좋거니 여울도 좋거니<br> 작자미상, 「만전춘별사」 <br>`관련기출` comment<br>2022 EBS 연계작품 「만전춘별사」 |

| 어휘 | 현대어 | 예문 |
| --- | --- | --- |
| 여희다<br>(여희다) | 이별하다,<br>헤어지다 | 여희여슈믈 슬후니 새 무수을 놀래누다<br>이별이 슬퍼, 새의 마음조차 놀라게 한다<br> 두보, 「춘망」 관련기출 \| comment<br>2022 EBS 연계작품 「만전춘별사」<br>14.수능AB. 왕방연, 「천만리 머나먼 길에~」<br>19.06. 작자미상, 「서경별곡」<br>현대에 와서 '여의다'의 뜻으로 쓰인다. '떠나다'를 뜻하기도 한다. |
| 역군은(赤<br>君恩)<br>이샷다 | 역시 모두<br>임금님의<br>은혜이시도다 | 이몸이 한가해옴도 역군은 이샷다<br>이 몸이 이렇듯 한가하게 노니는 것도 역시<br>임금님의 은덕이시도다<br> 맹사성, 「강호사시가」 관련기출 \| comment<br>2022 EBS 연계작품 「방옹시여」<br>16.수능A. 맹사성, 「강호사시가」<br>강호가도 작품에 등장하는 표현으로 자연 속에 살면서도 임금의<br>은혜로 돌리는 유교적 충의를 보여준다. |
| 오좀 | 오줌 | 맥전의 오좀 듀기 세전보다 힘쎠하소<br>보리밭에 오줌 주기를 새해가 되기 전보다 힘써<br>하소<br> 정학유, 「농가월령가」 |

| 어휘 | 현대어 | 예문 |
| --- | --- | --- |
| 연하<br>(煙霞) | 안개와 노을 | 연하 일휘는 금수를 재펏는 듯<br>안개와 노을과 햇살로 채색된 빛나는 산수의<br>경치는 마치 수놓은 비단을 펼쳐 놓은 듯<br>정극인, 「상춘곡」<br><br>관련기출 \| comment<br>07.06. 송순, 「면앙정가」<br>08.09. 정극인, 「상춘곡」<br>15.06B. 이황, 「도산십이곡」<br>연하고질(煙霞痼疾)은 천석고황과 비슷한 의미로 자연을 사랑하여 병에 든 것 같음을 뜻한다. |
| 오뎐된 | 방정맞은 | 오뎐된 계성의 줌은 엇디 씌돗던고<br>방정맞은 닭 울음소리에 잠은 어찌 깨었던고<br>정철, 「속미인곡」 |
| 오마 ᄒ다 | 온다고 하다 | 님이 오마 ᄒ거늘 저녁 밥을 일쯕 지어 먹고<br>님이 오겠다고 하기에 저녁 밥을 일찍 지어 먹고<br>작자미상, 「님이 오마 하거늘 ~」<br><br>관련기출 \| comment<br>15.09A. 작자미상, 「임이 오마 하거늘~」 |

| 어휘 | 현대어 | 예문 |
| --- | --- | --- |
| 옥당<br>(玉堂) | 벼슬, 궁궐<br>(특히 홍문관) | 금분에 가득 담아 <u>옥당</u>에 보내오니<br>좋은 화분에 담아 홍문관에 보내 주시니<br> 송순, 「바람 서리 섞어 친 날에~」 <br>`관련기출 \| comment`<br>2022 EBS 연계작품 「한양가」<br>08.09. 설장수, 「어옹」<br>홍문관은 조선 시대에 왕실의 책이나 문서를 관리하고 정책을<br>연구해 임금의 정치에 도움을 주었던 관청이다 |
| 옥빈홍안<br>(玉靈紅顔) | 젊고 아름다운<br>얼굴, 아름다운<br>여인 | 소년 청춘 다 보내고 <u>옥빈홍안</u> 공노로다<br>젊은 시절 다 보내고 <u>젊고 아름다운 모습</u>은 헛되이<br>늙어간다<br> 작자미상, 「상사별곡」 <br>`관련기출 \| comment`<br>2022 EBS 연계작품 「소춘향가」<br>'홍안'만 따로 쓰이기도 한다. |
| 옥절<br>(玉節) | 옥으로 만든<br>조각, 관직의<br>증서 | 하직고 믈너나니 <u>옥졀</u>이 알픠 셧다<br>임금님께 하직을 하고 물러나니, <u>옥절</u>이 앞에<br>서 있다<br> 정철, 「관동별곡」 |

| 어휘 | 현대어 | 예문 |
|---|---|---|
| 와실<br>(蝸室) | 작고 누추한 집 | 와실(蝸室)에 드러간들 잠이 와사 누어시랴<br>작고 누추한 집에 들어간들 잠이 와서<br>누워있겠는가<br><br>박인로, 「누항사」 |
| 완보<br>(緩步)<br>하다 | 천천히 거닐다 | 미음완보하야 시냇가의 호자 안자<br>나직이 읊조리며 천천히 걸어 시냇가에 혼자 앉아<br><br>정극인, 「상춘곡」<br><br>관련기출 \| comment<br>15.수능B. 정철, 「관동별곡」 |
| 외다 | 그르다,<br>잘못되다 | 슬프거나 즐거우나 옳다 하나 외다 하나<br>슬프거나 즐겁거나 옳다하다 그르다 하나<br><br>윤선도, 「견회요」<br><br>관련기출 \| comment<br>2022 EBS 연계작품 「방옹시여」<br>2022 EBS 연계작품 「우국가」<br>12.06. 윤선도, 「견회요」<br>'오른손'의 '오른'은 '옳은'에서 왔고, '왼손'의 '왼'은 '그르다'라는<br>뜻의 '외다'에서 온 것이다. 가끔 '그른손'이라고 하기도 한다. |

| 어휘 | 현대어 | 예문 |
|---|---|---|
| 외양ᄒᆞ거니 | 억세고 사나우니 | 본성이 <u>외양ᄒᆞ거니</u> 이실줄이 이시랴<br>본성이 <u>억세고 사나우니</u> 가만히 있을 리 있으랴?<br> 김성기, 「구레 버슨 천리마를~」 |
| 외오 | 외따로 떨어져 | 평생애 원ᄒᆞ요ᄃᆡ ᄒᆞᆫᄃᆡ 녜쟈 ᄒᆞ얏더니 늙거야 므슴 일로 <u>외오</u> 두고 그리ᄂᆞᆫ고<br>평생에 원하되 한데 가자 하였더니 늙어야 무슨 일로 <u>외로이 떨어져</u> 두고 그리워 하는가<br> 정철, 「사미인곡」 <br>**관련기출 \| comment**<br>21.수능. 정철, 「사미인곡」 |
| 우리곰 | 울며 | <u>우러곰</u> 좃니노이다<br><u>울면서라도</u> 따라가겠습니다<br> 작자미상, 「서경별곡」 <br>**관련기출 \| comment**<br>'곰'은 강세 접미사로 사용된 것이다. |

| 어휘 | 현대어 | 예문 |
| --- | --- | --- |
| 우부 | 어리석은 사람 | <u>우부</u>도 알며 ᄒᆞ거니 긔 아니 쉬온가<br>어리석은 사람도 알며 실천하는데, 그것이 쉬운일이 아니겠는가<br> 이황, 「도산십이곡」 <br><br>한자에 따라 다른데, 며느리 부(婦)를 사용하면 어리석은 아녀자, 지아비 부(夫)를 사용하면 어리석은 남자를 뜻한다. |
| 우슴 | 웃음 | 천만 첩이나 ᄡᅵ인 스름 우슴 ᄭᅳᆺ틔 ᄒᆞ나 읍닉<br>천만 첩이나 쌓인 설움 웃음 끝에 하나 없네<br> 작자미상, 「덴동어미화전가」 |
| 우음<br>(우움) | 웃음 | 하하 허허 흔 들 내 <u>우음</u>이 졍 우움가<br>하하 허허 하고 웃는 내 <u>웃음</u>이 진짜 웃음인가<br> 권섭, 「소의」 <br><br>21.09. 윤선도, 「만흥」 |

| 어휘 | 현대어 | 예문 |
| --- | --- | --- |
| 우장 | 비옷 | 북천(北天)이 묽다커를 <u>우장</u> 업시 길을 나니<br>북쪽 하늘이 맑다하거늘 <u>비옷</u>없이 길을 나서니<br> 임제,「한우가」 <br><br>꾸밀 장(裝)을 사용한다. |
| 우희 | 위에 | 중문 나서 대문 나가 지방 <u>우희</u> 치라 안자<br>중물을 지나 대문 앞에 나가 문지방 <u>위에</u> 올라 앉아<br> 작자미상,「님이 오마 하거늘~」 <br><br>2022 EBS 연계작품「정석가」<br>2022 EBS 연계작품「방옹시여」<br>2022 EBS 연계작품「임이 오마 하거늘~」<br>2022 EBS 연계작품「만전춘별사」<br>11.06. 작자미상,「두터비 파리를 물고~」<br>우ㅎ+의(부사격 조사) |
| 웋 | 위, 전 | 천세 <u>우희</u> 미리 정ᄒ샨 한수 북에<br>천년 <u>전에</u> 미리 정하신 한강 북쪽에<br> 「용비어천가」 |

| 어휘 | 현대어 | 예문 |
| --- | --- | --- |
| 원앙금침 | 원앙무늬 이불, 베개 | 휘장에 달 비치나 <u>원앙금침</u>이 싸늘하다<br>휘장에 달이 비추어도 <u>원앙무늬 이불</u>은 싸늘하다<br> 허난설헌, 「사시사」 <br>**관련기출 \| comment**<br>13.06.정철, 「사미인곡」<br>단순한 무늬만을 뜻하는 것이 아닌, 부부의 신방을 묘사하는 장면에서 드러나는 소재이다. |
| 월하<br>(월하<br>노인) | 혼인을 중매하는 사람 | 삼생의 원업이오 <u>월하</u>의 연분으로<br>전생에 지은 원망스러운 업보로, <u>월하노인</u>의 중매로 부부의 인연이 되어<br> 허난설헌, 「규원가」 <br>**관련기출 \| comment**<br>월하빙인(月下氷人)으로 사용되기도 하며, 중국 당나라 때 위고라는 청년의 이야기에 나오는 '월하노인'의 이야기에 따라 월하노인은 중매쟁이를 이르는 표현이 되었다. |
| 유비군자<br>(有斐君子) | 빛나는 군자<br>(교양 있는 선비를 뜻함) | <u>有斐君子(유비군자)</u>들아 낛디 ㅎ나 빌려스라<br><u>교양있는 선비</u>들아, 낚시대 하나 빌려다오<br> 박인로, 「누항사」 <br>**관련기출 \| comment**<br>09.06. 박인로, 「누항사」<br>있을 유(有), 문채 날 비(斐), 임금 군(君), 자식 자(子)를 사용한다. |

| 어휘 | 현대어 | 예문 |
|---|---|---|
| 유세차<br>(維歲次) | 이해의 차례는 | <u>유세차</u> 모년 모월 모일에<br><u>이해의</u> 차례는 모년 모일에~<br> 유씨 부인, 「조침문」 <br>관련기출 \| comment<br>관혼상제의 제문이나 축문에서 사용하는 관용한자표현이다. |
| 이릭 | 아양 | <u>이릭</u>야 고틱야 어즈러이 ᄒ돗던디<br><u>아양</u>과 교태를 지나치게 부렸던지<br> 정철, 「속미인곡」 <br>관련기출 \| comment<br>아양은 '귀염을 받으려고 알랑거리는 말. 또는 그런 짓'을 뜻한다. |
| 이슷하다 | 비슷하다 | 산 접동새 난 <u>이슷ᄒ요이다</u><br>산에 있는 접동새와 내 신세가 <u>비슷합니다</u><br> 정서, 「정과정」 |

| 어휘 | 현대어 | 예문 |
| --- | --- | --- |
| 이심<br>(已甚)<br>ᄒ다 | 매우 심하다 | 어즈버 싱각ᄒ니 서불 등(徐市等)이<br>이심(已甚)ᄒ다<br>아 생각하니 서불의 무리가 <u>너무 심하다</u><br> 박인로, 「선상탄」 <br>**관련기출 | comment**<br>이미 이(已)는 '너무'라는 뜻도 가진다. 심할 심(甚)을 사용하여 '너무 심하다'라는 뜻을 가진다. |
| 이쏜<br>(잇돈) | ~이야 | 신(信)<u>잇돈</u> 그츠리잇가.<br>믿음<u>이야</u> 끊어지겠습니까<br> 작자미상, 「정석가」 <br>**관련기출 | comment**<br>19.06. 작자미상, 「서경별곡」<br>강조하는 기능이 있다. |
| 이왕<br>(已往) | 과거, 이전 | <u>이왕</u> 일 싱각ᄒ고 즉금 일 헤아리니<br><u>지나간</u> 일 생각하고 지금의 일 헤아리니<br> 안조환, 「만언사」 |

| 어휘 | 현대어 | 예문 |
|---|---|---|
| 이화<br>(梨花) | 배꽃 | 이화우 훗쑫릴 제 울며 잡고 이별흔 님<br>배꽃이 흩날리던 때에, 손 잡고 울며 불며 헤어진 임<br>계랑, 「이화우 흩뿌릴 제」<br><br>**관련기출 \| comment**<br>15.09B. 조위, 「만분가」<br>15.06A. 이조년, 「이화에 월백하고~」<br>자두(오얏)의 꽃인 이화(李花)도 있다. |
| 인동 | ~인지 | 손인동 주인인동 다 니저 브려셔라<br>손님인지 주인인지 다 잊어 버렸구나<br>정철, 「성산별곡」 |
| 일홈 | 이름 | 회양(淮陽) 녜 일홈이 마초아 フ틀시고<br>회양이라는 너의 이름이 마침 같구나<br>정철, 「관동별곡」<br><br>**관련기출 \| comment**<br>2022 EBS 연계작품 「율리유곡」 |

| 어휘 | 현대어 | 예문 |
| --- | --- | --- |
| 임천<br>(林泉) | 자연 | 아마도 <u>임천</u> 한흥을 비길 곳이 없세라<br>아마도 <u>자연</u>에서 노니는 즐거움을 비교할 곳이 없을테라<br> 윤선도, 「만흥」 <br>관련기출 \| comment<br>07.09. 윤선도, 「만흥」<br>08.수능. 권호문, 「한거십팔곡」<br>21.09. 윤선도, 「만흥」<br>'강호'와 같은 의미 |
| 잇가 | 이겠습니까? | 신(信)잇든 그츠리<u>잇가</u><br>믿음이야 끊어지<u>겠습니까</u><br> 작자미상, 「정석가」 <br>관련기출 \| comment<br>19.06. 작자미상, 「서경별곡」 |
| 자규<br>(子規) | 두견새 | 일지 춘심을 <u>자규</u>야 알냐마는<br>하나의 나뭇가지에 봄의 마음을 <u>두견새</u>가 알까마는<br> 이조년, 「이화에 월백하고~」 <br>관련기출 \| comment<br>15.06A. 이조년, 「이화에 월백하고~」<br>억울하게 죽은 촉나라 임금 우두의 넋이 두견새가 되었다는 전설이 있어 슬픔, 설움, 그리움, 한 등의 정서와 함께 사용된다. |

| 어휘 | 현대어 | 예문 |
|---|---|---|
| 자로 | 자주 혹은 잘 | 잘하고 <u>자로</u> 하네 에히요 산이가 자로 하네<br>잘하고 <u>잘하네</u> 에히요 산이가 잘하네<br> 작자미상, 「논매기노래」 **관련기출 \| comment**<br>'자로'는 원래 '자주'의 의미이고, '잘로'의 변형일 경우에는<br>'잘'이라는 의미이다. |
| 잔듸 | 잔디 | 길까 <u>잔듸</u>밧헤 펄셕 쥬져안지며<br>길가 <u>잔디</u>밭에 털썩 주저않으며<br> 최찬식, 「금강문」 |
| 잠간 | 잠깐 | 져근덧 力녁盡진ᄒᆞ야 풋줌을 <u>잠간</u> 드니<br>잠깐 사이에 힘이 지쳐 풋잠을 <u>잠깐</u> 드니<br> 정철, 「속미인곡」 **관련기출 \| comment**<br>15.09B. 정철, 「속미인곡」〈보기〉<br>16.06B. 작자미상, 「청천에 떠서 울고 가는~」 |

| 어휘 | 현대어 | 예문 |
| --- | --- | --- |
| 잣 | 성 | 잣 앉 보믹 플와 마못분 기펫도다<br>성 안의 봄에는 풀과 나무만 깊어 있구나<br> 두보, 「춘망」 <br>**관련기출 \| comment**<br>한자로는 城을 사용하며 신라어에서 왔다고 추정된다. |
| 잘다/<br>뎌르다 | 짧다 | 긴 소리 <u>쟈른</u> 소리 절절이 슬픈 소리<br>긴 소리 <u>짧은</u> 소리 절절이 슬픈 소리<br> 작자미상, 「귀또리 져 귀또리」 <br>**관련기출 \| comment**<br>17.09. 신흠, 「방옹시여」<br>2022 EBS 연계작품 「방옹시여」<br>2022 EBS 연계작품 「거창가」<br>2022 EBS 연계작품 「저 건너 흰옷 입은 사람~」<br>'잔디'는 '잘다'의 관형사형 '잔'과 풀의 한 종류를 뜻하는 '띠'가 합쳐져 만들어진 단어이다. |
| 재 | 고개 | <u>재</u> 너머 사래 긴 밭을 언제 갈려 하나니<br><u>고개</u> 넘어 사래 긴 밭을 언제 갈려 하느냐<br> 남구만, 「동창이 밝았느냐~」 <br>**관련기출 \| comment**<br>16.06A. 남구만, 「동창이 밝았느냐~」 |

| 어휘 | 현대어 | 예문 |
| --- | --- | --- |
| 저어ㅎ다 | 두려워 하다<br>/어긋나다 | 수의로 살려 ㅎ니 날로 조차 <u>저어ㅎ다</u><br>옳은 일을 좇으며 살려 하니 날이 갈수록 <u>어긋난다</u><br> 박인로, 「누항사」 <br>관련기출 comment<br>한자어 저어(低語)를 사용하였을 때 '어긋나다'라는 의미로 사용된다. |
| 젓다 | 두려워하다 | 하늘도 <u>젓디</u> 아녀 웃독이 섯는 거시<br>하늘도 <u>두려워하지</u> 않고 우뚝이 서있는 것이<br> 송순, 「면앙정가」 |
| 정(情)엣<br>말 | 정이 넘치는 말 | 위렁충창 건너가서 <u>정엣말</u> 하려하고<br>우당탕퉁탕 건너가서 <u>정이 넘치는 말을</u> 하려고<br> 작자미상, 「님이 오마 하거늘~」 <br>관련기출 comment<br>2022 EBS 연계작품 「임이 오마 하거늘~」 |

| 어휘 | 현대어 | 예문 |
| --- | --- | --- |
| 제세현<br>(濟世賢) | 세상을 구제할<br>현명한 선비 | 두어라 내 시름 아니라 제세현(濟世賢)이 없으랴<br>두어라 내 걱정거리 아니라 세상을 구할 선비가<br>없으랴<br> 이현보, 「어부단가」 <br>**관련기출 \| comment**<br>10.09. 이현보, 「어부단가」 |
| 져구맛 | 조그만 | 져구맛 모미 이 바긔 다시 므스글 구(求)하리오<br>조그만 몸이 이 밖에 다시 무엇을 구하리오<br> 두보, 「강촌」 |
| 져근덧 | 잠시, 잠깐 | 져근덧 가디 마오 이 술 한 잔 머거 보오<br>잠깐 가지 마오 이 술 한 잔 먹어 보오<br> 정철, 「관동별곡」 <br>**관련기출 \| comment**<br>2022 EBS 연계작품 「어와 버힐시고~」<br>2022 EBS 연계작품 「속미인곡」<br>15.09B. 정철, 「속미인곡」〈보기〉 |

| 어휘 | 현대어 | 예문 |
| --- | --- | --- |
| 져르다 | (길이가) 짧다 | 기더냐 <u>져르더냐</u> 발을러냐 자힐러냐<br>길더냐 <u>짧더냐</u> 밟겠더냐 재겠더냐<br> 작자미상, 「사랑이 어더터니~」 |
| 져믓 | 저물고 | 사면이 거머 어득 <u>져믓</u><br>사면은 검어서 <u>어둑하게 저물었는데</u><br> 작자미상, 「나모도 바히돌도~」 <br>**관련기출 \| comment**<br>'저물어', '저물게'와 같이 해석될 수도 있다. |
| 져비 | 제비 | 절로 가며 절로 오느닌 집우휫 <u>져비</u>오<br>절로 가며 절로 오는 것은 집 위에 있는 <u>제비</u>요<br> 두보, 「강촌」 <br>**관련기출 \| comment**<br>'져비–졔비–제비'로 변해왔다. |

| 어휘 | 현대어 | 예문 |
| --- | --- | --- |
| 져 | 조금 | 내 논 다 미여든 네 논 졈 미여주마<br>내 논을 다 매면 네 논 좀 매어주마<br> 정철, 「훈민가」 |
| 져믈다 | 저물다 | 내 가는 데 <u>져그롤셰라</u><br>가는데 날이 <u>저물까 두렵다</u><br> 작자미상, 「정읍사」 <br>**관련기출 \| comment**<br>'잠기다'처럼 해석되어 '나쁜 곳으로 들어가다'와 같은 의미를 갖기도 한다. |
| 져낫 | 대낮 | 深山窮谷(심산궁곡) <u>져낫</u>フ티 밍フ쇼셔<br>깊은산 골짜기에도 <u>대낮</u>같이 만드소서<br> 정철, 「사미인곡」 |

| 어휘 | 현대어 | 예문 |
| --- | --- | --- |
| 졈다 | 어리다, 졂다 | 즁놈이 <u>졈은</u> 샤당년을<br>중놈이 <u>젊은</u> 사당년을<br><br>「해동가요」 |
| 정지 | 부엌 | 가다가 가다가 드로라 에<u>졍지</u> 가다가 드로라<br>가다가 가다가 듣노라, 외딴 <u>부엌</u>을 지나가다가 듣노라<br><br>작자미상, 「청산별곡」<br><br>`관련기출` \| comment<br>한자어 정주(鼎廚)에서 나온 단어이다. |
| 조화옹<br>(造化翁) | 조물주 | 어화 <u>조화옹</u>이 헌사토 헌샤홀샤<br>아아, <u>조물주</u>의 솜씨가 대단하기도 대단하구나<br><br>정철, 「관동별곡」<br><br>`관련기출` \| comment<br>10.06. 정철, 「관동별곡」<br>21.06. 정철, 「관동별곡」<br>우주의 만물을 만들고 다스리는 신(노인)이라는 뜻이다. |

| 어휘 | 현대어 | 예문 |
|---|---|---|
| 조차 | 좇아, 따라 | 이 몸 삼기실 제 님을 <u>조차</u> 삼기시니<br>이 몸 태어날 때 임을 <u>따라</u> 태어나니<br> 정철, 「사미인곡」 <br>**관련기출 \| comment**<br>2022 EBS 연계작품 「우국가」<br>2022 EBS 연계작품 「속미인곡」<br>12.06. 윤선도, 「견회요」<br>18.06. 주세붕, 「오륜가」 |
| 조타 | 깨끗하다 | 구룸 비치 <u>조타</u>ᄒ나 검기를 ᄌ로 혼다<br>구름 빛이 <u>깨끗하다</u> 하나 검기를 자주한다<br> 윤선도, 「오우가」 <br>**관련기출 \| comment**<br>2022 EBS 연계작품 「율리유곡」<br>10.06. 정철, 「관동별곡」<br>21.06. 정철, 「관동별곡」<br>'좋다'를 뜻하는 '둏다(됴타)'와 '깨끗하다'를 뜻하는 '조타'를 구분해야 한다. |
| 종시<br>(終始)<br>하다 | 처음부터<br>끝까지<br>계속하다 | <u>종시히</u> 신의를 딕희여 구이경지 하여라<br><u>처음부터 끝까지</u> 신의를 지키어 오래도록 공경하여라<br> 주세붕, 「오륜가」 |

| 어휘 | 현대어 | 예문 |
| --- | --- | --- |
| 죠히 | 깨끗이, 잘<br>(조히) | <u>죠히</u> 시슨 몸을 더러일가 하노라<br><u>깨끗이</u> 씻은 몸이 더러워질까 걱정되는구나<br>정몽주, 「까마귀 자자진 골에~」 |
| 죠흔 | 좋은(15세기<br>표기 '됴흔) | 언의 뉘 이 <u>죠흔</u> 뜻을 알리 잇다 ᄒ리오<br>어느 누가 <u>좋은</u> 뜻을 아는 사람이 있다 하겠는가<br>김수장, 「초암이 적료한대~」<br>관련기출 \| comment<br>15.06B. 이황, 「도산십이곡」 |
| 죵죵 | 종종, 때때로 | <u>죵죵</u> 벽력생함타무간<br><u>때때로</u> 벼락이 쳐서 무간지옥에 떨어져<br>작자미상, 「이상곡」 |

| 어휘 | 현대어 | 예문 |
| --- | --- | --- |
| 즁싱<br>(즘생) | 짐승 | 바람의 지는 닙과 풀속에 우는 즘생<br>바람에 지는 잎과 풀 속에서 우는 짐승(벌레)는<br> 허난설헌, 「규원가」 <br><br>2022 EBS 연계작품 「규원가」 |
| 즈럼길 | 지름길 | 백발이 제 몬져 알고 즈럼길로 오더라<br>백발이 자기가 먼저 알고 지름길로 오더라<br> 우탁, 「탄로가」 |
| 즈믄 | 천, 1000 | 즈믄 힐 장존ㅎ샬 약이라 받줍노이다<br>천년을 장수하실 약이기에 바칩니다.<br> 작자미상, 「동동」 <br><br>2022 EBS 연계작품 「정석가」<br>옛 말로 백은 온, 만은 골이라고 부른다. |

| 어휘 | 현대어 | 예문 |
| --- | --- | --- |
| 즉금<br>(卽今) | 현재, 지금 | 이왕 일 싱각ᄒ고 <u>즉금</u> 일 헤아리니<br>지나간 일 생각하고 <u>지금</u>의 일 헤아리니<br>안조환, 「만언사」 |
| 즌듸 | 위험한 곳 | <u>즌듸</u> ᄆ른듸 굴하지 말고<br><u>진데</u> 마른데 가리지 말고<br>작자미상, 「님이 오마 하거늘~」 |
| 즛 | 모습 | ᄂᆡ믹 브롤 <u>즈슬</u> 디녀 나샷다<br>남이 부러워할 <u>모습을</u> 지니고 태어나셨다<br>작자미상, 「동동」 |


2022 EBS 연계작품 「공무도하가」
17.06. 작자미상, 「동동」

| 어휘 | 현대어 | 예문 |
|---|---|---|
| 즛다 | 짖다 | 적막중문(寂寞重門)에 왔는 님을 물으라나오락 캉캉 즛어 도로 가게하니<br>쓸쓸한 대문 안에 세운 문에 찾아온 임을 물러갔다 나아갔다 하며 캉캉 짖어 도로 가게 하니<br>김두성, 「내개는 뭔수가 없어~」 |
| 지리ᄒ다 | 지루하다 | 열 두 때 김도 길샤 설흔날 지리ᄒ다<br>하루가 길기도 길구나, 한달 곧 서른 날이 지루하다<br>허난설헌, 「규원가」<br>**관련기출 \| comment**<br>2022 EBS 연계작품 「규원가」<br>支離라는 한자에서 온 것으로, 미싯가루가 미숫가루가 된 것과 같은 양상으로 변화하였다. |
| 지벽 | 조약돌 | 일로 나리ㅅ 지빅히<br>이리부터 냇가 조약돌에<br>충담사, 「찬기파랑가」 |

| 어휘 | 현대어 | 예문 |
| --- | --- | --- |
| 진시<br>(趁時) | 진작, 제때 | 배골는 농부들을 <u>진시</u>예 머겨스랴<br>배를 곯는 농부들을 <u>제 때</u>에 먹이어라<br> 이휘일, 「전가팔곡」 **관련기출 \| comment**<br>진시(辰時)로 쓰이면 오전 일곱 시부터 아홉 시까지를 뜻한다. |
| 질삼뵈 | 길쌈하던 베 | 여해므론 아즐가 여해므론 <u>질삼뵈</u> 바리시고<br>이별하기 보다는, 이별하기 보다는 <u>길쌈하는 베</u>를 버리고<br> 작자미상, 「서경별곡」 **관련기출 \| comment**<br>19.06. 작자미상, 「서경별곡」<br>길쌈은 여인들이 하던 행위이므로 여성임을 드러내는 단어이다. |
| 즈로 | 자주 | 구룸 비치 조타ᄒ나 검기를 <u>즈로</u> ᄒ다<br>구름 빛이 깨끗하다 하나 검기를 <u>자주</u>한다<br> 윤선도, 「오우가」 |

| 어휘 | 현대어 | 예문 |
|---|---|---|
| 즈최 | 자취, 흔적 | 쑴에 다니는 길이 <u>즈최</u> 곳 나랑이면<br>꿈에 다니는 길이 <u>자취</u>라도 남는다면<br> 작자미상, 「화원악보」 |
| 진나비 | 원숭이 | 무덤우희 <u>진나비</u> 프람 불 제 뉘우친들 엇디리<br>무덤 위에 <u>원숭이</u> 휘파람 불 때 뉘우친들 어찌하리<br> 정철, 「장진주사」 <br>**관련기출 │ comment**<br>'잔나비'로도 사용되며 현대에 와서도 띠를 이야기할 때 사용되곤 한다. 이후에 원성이(猿猩—)로 변화한다. |
| 척촉 | 철쭉 | 샤양 현산에 <u>척촉</u>을 므니불와<br>저녁 햇빛이 비껴드는 현산의 <u>철쭉</u> 꽃을 잇달아 밟아<br> 정철, 「관동별곡」 <br>**관련기출 │ comment**<br>07.06. 안민영, 「매화사」<br>한자로는 머뭇거릴 척(躑). 머뭇거릴 촉(躅)을 사용하는데 꽃이 너무 아름다워서 보기 위해 머뭇거렸다고 하여 붙은 이름이다. |

| 어휘 | 현대어 | 예문 |
|---|---|---|
| 천방져지<br>방져 | 천방지축처럼<br>방향을 알 수<br>없이 날뛴다 | <u>천방져 지방져</u> 소코라지고 펑퍼져 넌출지고<br>방울져<br><u>이리 저리</u> 솟고 부풀어오르고 넝쿨과 방울처럼<br>물줄기와 방울을 이루기도 하고<br> 작자미상, 「유산가」 |
| 천석고황<br>(泉石膏肓) | 자연의<br>아름다운<br>경치를 몹시<br>사랑하고 즐김 | 하물며 <u>천석고황(泉石膏황)</u>을 고텨 므슴하료.<br>하물며 <u>자연을 사랑하는 이 병을</u> 고쳐 무엇하리<br> 이황, 「도산십이곡」 <br>`관련기출` \| comment<br>12.09. 이황, 「도산십이곡」<br>15.06B. 이황, 「도산십이곡」<br>자연을 사랑함을 병에 빗대어 표현한 것으로 연하고질과 유사한<br>의미이다. |
| 천연여질<br>(天然麗質) | 타고난<br>아름다움 | 삼오 이팔 겨오 지나 <u>천연여질</u> 절로 이니<br>열 다섯 열여섯살을 겨우 지나, <u>타고난 아름다운</u><br><u>모습</u>이 저절로 나타나니<br> 허난설헌, 「규원가」 <br>`관련기출` \| comment<br>2022 EBS 연계작품 「규원가」<br>천연자질(天然資質)으로 쓰이기도 한다. |

| 어휘 | 현대어 | 예문 |
| --- | --- | --- |
| 청려장<br>(靑藜杖) | 명아줏대로<br>만든 지팡이 | 다만 혼 <u>靑藜杖(청려장)</u>이 다 므듸어 가노미라.<br>다만 <u>청려장</u> 하나가 다 무디어 가는구나<br>　　　　　　　　　　　송순, 「면앙정가」<br><br>**관련기출 ┃ comment**<br>청려장을 사용하면 건강에 좋다는 설이 있어 예로부터 환갑을 맞은 노인의 선물로 사용되었다. |
| 청상<br>(靑孀) | 청상과부 | 팔자가 좋을 양이면 십칠 세에 <u>청상</u>될까<br>팔자가 좋으려면 십칠 세에 <u>청상과부</u>가 될까<br>　　　　　　　　작자미상, 「덴동어미화전가」<br><br>**관련기출 ┃ comment**<br>2022 EBS 연계작품 「거창가」<br>홀어머니 상(孀)을 사용한다. |
| 청약립<br>(靑蒻笠) | 갓 | <u>청약립</u>도 써 잇노라, 녹사의 가져오라<br><u>갓</u>은 이미 쓰고 있노라, 우비는 가져 왔느냐<br>　　　　　　　　　　윤선도, 「어부사시사」<br><br>**관련기출 ┃ comment**<br>푸른 갈대로 만든 갓을 뜻한다. |

| 어휘 | 현대어 | 예문 |
| --- | --- | --- |
| 촉불(촉) | 촛불 | 촉잡고 갓가이 사랑할 제 암향 좃ㅊ 부동터라<br><u>촛불</u> 잡고 너에게 가까이 가 사랑할 때, 그윽한 향기도 나는군,<br> 안민영, 「매화사」 |
| 추야장<br>(秋夜長) | 길고 긴 가을밤 | <u>추야장</u> 깊픈 밤에 님의 방에 드럿다가<br><u>길고 긴 가을 밤</u>에 님의 방에 들어가서<br> 박효관, 「님 글인 상사몽이~」 |
| 춘만<br>(春滿) | 봄이 가득하다 | 이곡은 어드매오 화암에 <u>춘만커다</u><br>이 곡은 어디인가, 꽃이 핀 바위의 <u>아름다운 봄 경치로다</u><br> 이이, 「고산구곡가」 |

| 어휘 | 현대어 | 예문 |
|---|---|---|
| 츩너출 | 칡넝쿨 | 나는 삼사월 <u>츩너출</u>이 되야<br>나는 삼사월의 <u>칡넝쿨</u>이 되어<br> 이정보, 「님으랑 회양 금성 오리남기 되고~」 |
| 충찬ᄒ다 | 칭찬하다 | 총명하다고 <u>충찬</u>을 밧든 순복은<br>총망하다고 <u>칭찬</u>을 받은 순복은<br> 회월, 「전투」 |
| 침션<br>(針線) | 바느질 | <u>침션</u> 돕는 유를 각각 명호를 정하여 벗을 삼을 새<br><u>바느질</u> 돕는 도구를 각각 이름을 정해 벗으로 삼을 때<br> 작자미상, 「규중칠우쟁론기」 <br>관련기출 \| comment<br>여인들이 하는 것으로 '바느질 솜씨'를 뜻하기도 한다. |

| 어휘 | 현대어 | 예문 |
| --- | --- | --- |
| 침변<br>(枕邊) | 베갯머리 | 분벽사창(粉壁紗窓)은 침변(枕邊)에 어렴풋하다<br>여인이 있는 방 내 베갯머리에서 어른거린다<br>작자미상, 「춘면곡」<br><br>관련기출 \| comment<br>07.수능. 조위, 「만분가」<br>19.06. 조위, 「만분가」 |
| 침재<br>(針才) | 바느질 솜씨 | 침재도 그지없고 수품도 사치롭다<br>바느질도 끝이 없고 솜씨도 사치스럽다<br>안조원, 「만언사」 |
| 출하리 | 차라리 | 출하리 한강의 목멱의 다히고져<br>차라리 한강의 남산에 대고 싶어라<br>정철, 「관동별곡」<br><br>관련기출 \| comment<br>EBS 연계작품 「규원가」 |

| 어휘 | 현대어 | 예문 |
| --- | --- | --- |
| 파람/프름 | 휘파람 | 눈우희 바늘젓고 코흐로 프름분다<br>눈 위에 바늘 젓고 코로 휘파람 분다<br> 정훈, 「탄궁가」 청풍의 옷깃 열고 긴 파람 흘리 불 제<br>맑은 바람에 옷깃을 열고 긴 휘파람 되는대로 불 때<br> 위백규, 「농가」 |
| 퍼러ㅎ니 | 푸르니 | 뫼히 퍼러ㅎ니 곳 비치 블 븐는 듯도다<br>산 빛이 푸르니 꽃빛이 불 붙는 듯하구나<br> 두보, 「절구」 **관련기출 \| comment**<br>녹색에 가까운 파란색을 말한다. |
| 푸둣든가 | 풀었던가 | 닐러 다 못 닐러 불러나 푸둣든가<br>말로 다 표현하지 못해 노래를 불러 풀었단 말인가<br> 신흠, 「노래 삼긴 사름~」 |

| 어휘 | 현대어 | 예문 |
| --- | --- | --- |
| 푸새 | 푸성귀, 풀 | 비록애 <u>푸새</u>엣것인들 긔 뉘 따헤 났나니<br>비록 풀에 불과하지만 그게 누구의 땅에서 났는가<br> 성삼문, 「수양산 바라보매~」 <br><br>푸성귀는 먹을 수 있는 풀(나물)을 뜻한다. |
| 풍셜<br>(風雪) | 눈바람 | <u>풍셜</u> 석거친 날에 믓노라 북래사자야<br><u>바람과 서리</u>가 뒤섞여 내리는 날에 물어보노라<br>북쪽 심양에서 온 사람이여<br> 이정환, 「풍셜 석거친 날에~」 |
| 하 | 매우 | 잇다가 <u>하</u> 답답할 제면 여다져 볼까 하노라<br>이따금씩 <u>몹시</u> 답답할 때는 여달아 볼까 하노라.<br> 작자미상, 「창 내고쟈 창을 내고쟈」 |

| 어휘 | 현대어 | 예문 |
| --- | --- | --- |
| 하 | '~(이)시여'<br>(존대격 호격<br>조사) | 아소 님하 도람 드르샤 괴오쇼셔<br>아아 님이시여 다시 들이시어 사랑해 주소서<br> 정서, 「정과정」 관련기출 \| comment<br>2022 EBS 연계작품 「만전춘별사」<br>17.06. 작자미상, 「동동」 |
| 하늘 | 하늘 | 바다 밧근 하늘이니 하늘 밧근 무서신고<br>바다 밖은 하늘이니 하늘 밖은 무엇인가<br> 정철, 「관동별곡」 |
| 하다 | 많다, 크다, | 노래삼긴 스람 시름도 하도할샤<br>노래를 만든 사람, 시름이 많기도 많구나<br> 신흠, 「노래 삼긴 사람~」 관련기출 \| comment<br>2022 EBS 연계작품 「정석가」<br>2022 EBS 연계작품 「방옹시여」<br>10.수능. 송순, 「면앙정가」<br>12.06. 윤선도, 「견회요」<br>16.수능B. 정철, 「어와 동량재를~」<br>21.06. 정철, 「관동별곡」 |

| 어휘 | 현대어 | 예문 |
| --- | --- | --- |
| 하얌, 햐얌 | 어리석은 사람 | 어리고 <u>햐얌</u>의 뜻의는 내 분인가 ᄒ노라<br>어리석고 <u>세상 물정 모르는 시골 사람</u>인 내 생각에는 그것이 내 분수에 맞는가 하노라<br> 윤선도, 「만흥」 <br>**관련기출 \| comment**<br>07.09. 윤선도, 「만흥」<br>21.09. 윤선도, 「만흥」<br>시골에 살아 세상 이치를 모르는 어리석은 사람이라며 자신을 겸손하게 이르는말 |
| 할림새 | 고자질을 잘 한다는 의미 | 동세 하나 <u>할림새요</u> 시누 하나 뾰족새요<br>동서는 <u>고자질을 잘하고</u> 시누이는 앙칼지고<br> 작자미상, 「시집살이노래」 <br>**관련기출 \| comment**<br>14.06AB. 작자미상, 「시집살이노래」<br>'할이다'는 '참소를 당하다'라는 의미이다. |
| 해동 (海東) | 우리나라 | <u>해동</u> 육룡이 ᄂᆞᄅᆞ샤 일마다 천복이시니<br>우리나라 여섯 성군이 나시어 하는 일마다 모두 하늘이 내리신 복이니<br> 「용비어천가 1장」 <br>**관련기출 \| comment**<br>중국에서 '발해의 동쪽 나라'라는 뜻으로 사용하였고, 삼국시대와 고려시대에 많이 쓰였다. |

| 어휘 | 현대어 | 예문 |
| --- | --- | --- |
| 해오라비 | 해오라기, 백로 | 검은 까마귀 <u>해오라비</u> 되도록에<br>검은 까마귀가 <u>백로</u>가 될 때까지<br> 김구, 「오리의 짧은 다리」 `관련기출` \| comment<br>2022 EBS 연계작품 「방옹시여」 |
| 행화<br>(杏花) | 살구꽃 | 도화<u>행화</u>는 석양리예 씌여잇고<br>복숭아꽃과 <u>살구꽃</u>은 저녁노을 속에 피어 있고<br> 정극인, 「상춘곡」 `관련기출` \| comment<br>2022 EBS 연계작품 「율리유곡」<br>11.수능. 정극인, 「상춘곡」<br>14.수능AB. 정극인, 「상춘곡」<br>살구꽃은 봄에 피는 꽃이다. |
| 허다영재<br>(許多英才) | 수많은<br>슬기로운<br>사람들 | 천하에 <u>허다영재</u>를 소겨 말슴 흘가<br>천하에 <u>수많은 슬기로운 사람들</u>을 속여서<br>말씀하겠는가<br> 이황, 「도산십이곡」 `관련기출` \| comment<br>15.06B. 이황, 「도산십이곡」 |

| 어휘 | 현대어 | 예문 |
|---|---|---|
| 헌사ㅎ다 | 대단하다/<br>야단스럽다 | 어와 조화옹이 헌사토 <u>헌사홀샤</u><br>아아 조물주가 <u>야단스럽기도 야단스럽구나</u><br> 정철, 「관동별곡」 <br><br>2022 EBS 연계작품 「방옹시여」<br>07.06. 송순, 「면앙정가」<br>10.06. 정철, 「관동별곡」<br>16.09B. 신계영, 「전원사시가」<br>21.06. 정철, 「관동별곡」<br>'헌사'는 '수다'의 의미도 가진다. 여기에서의 '야단스럽다'는 지금처럼 부정적 의미보다는 아름답게 꾸몄다는 의미로 사용되었다. |
| 혀다 | 악기/불을<br>켜다 | 사스미 짒대예 올아셔 히금(奚琴)을 <u>혀거를</u> 드로라.<br>사슴이 장대에 올라가서 해금을 <u>켜는 것</u>을 듣노라<br> 작자미상, 「청산별곡」 <br>이월 보로매 아으 노핀 <u>현</u> 등ㅅ불 다호라<br>2월 보름에 높이 <u>켜놓은</u> 등불같구나<br> 작자미상, 「동동」 <br><br>17.06. 작자미상, 「동동」<br>현재도 '바이올린을 켜다'와 같이 사용된다. |
| 후리쳐 | 팽개쳐 | <u>후리쳐</u> 던져두자<br><u>팽개쳐</u> 던져두자<br> 박인로, 「누항사」 <br><br>09.06. 박인로, 「누항사」 |

| 어휘 | 현대어 | 예문 |
| --- | --- | --- |
| 힝혀/힝혀 | 행여<br>(어찌다가<br>혹시) | 모쳐라 밤일식망정 <u>힝혀</u> 낫이런들 남 우일 번하괘라<br>마침 밤이기에 망정이지 <u>행여</u> 낮이었다면 남 웃길 뻔했구나<br> 작자미상, 「님이 오마 하거늘~」 <br><br>2022 EBS 연계작품 「임이 오마 하거늘~」 |
| ㅎ노라 | 하노라 | 석양에 지나는 객이 눈물계워 <u>ㅎ노라</u><br>석양에 지나는 나그네가 눈물겨워 <u>하노라</u><br> 원천석, 「흥망이 유수ㅎ니~」 <br><br>2022 EBS 연계작품 「방옹시여」<br>2022 EBS 연계작품 「우국가」<br>10.06. 안민영, 「금강 일만 이천 봉이~」<br>10.수능. 송순, 「면앙정가」<br>11.06. 작자미상, 「장공에 떴는 솔개~」<br>11.09. 이신의, 「단가 육장」<br>13.09. 권구, 「병산육곡」<br>13.수능. 정철, 「성산별곡」<br>14.09AB. 안민영, 「매화사」<br>14.수능AB. 임제, 「청초 우거진 골에~」<br>14.수능AB. 원천석, 「흥망이 유수하니~」<br>15.06A. 이조년, 「이화에 월백하고~」<br>15.06A. 이정보, 「국화야 너는 어이~」<br>17.09. 신흠, 「방옹시여」<br>18.수능. 이정환, 「비가」<br>19.09. 권호문, 「한거십팔곡」<br>21.09. 윤선도, 「만흥」<br>시조의 종장 마지막 구절에 주로 사용<br>'~노라'는 자기의 동작을 정중하게 선언하거나 감동의 느낌을 나타내는 어미로 사용된다 |

| 어휘 | 현대어 | 예문 |
|---|---|---|
| 호니 | 많으니 | 곶 됴코 여름 <u>호느니</u><br>꽃 좋고 여름 <u>많으니</u><br><br>「용비어천가」 |
| 호른 | 하루 | <u>호른</u>도 열두때 한달도 서른 날<br><u>하루</u>도 열두 때, 한달도 서른날<br><br>정철, 「사미인곡」 |
| 호마<br>(하마) | 이미, 벌써 | 엊그제 저멋더니 <u>호마</u> 어이 다 늘거니<br>엊그제 젊었더니 <u>언제 벌써</u> 이렇게 다 늙었는고<br><br>허난설헌, 「규원가」<br><br>관련기출 comment<br>2022 EBS 연계작품 「규원가」 |

| 어휘 | 현대어 | 예문 |
| --- | --- | --- |
| 흔 간 | 한 칸('흔'은 '하나'를 의미함) | 나 <u>흔 간</u> 들 <u>흔 간</u>에 청풍 <u>흔 간</u> 맛져 두고<br>너 <u>한 칸</u> 달 <u>한 칸</u> 청풍 <u>한 칸</u> 맡겨 두고<br> 송순, 「십년을 경영하여~」 <br><br>2022 EBS 연계작품 「우국가」<br>면적을 나타내는 단위였고, 대략 한 평 정도 된다고 한다. |
| 흔 적곳 | 한 번만, 한 번만이라도 | <u>흔 적곳</u> 띡 시른 後ㅣ면 고텨 싯기 어려우리<br><u>한 번</u> 때 묻은 뒤엔 다시 씻기 어려우리<br> 정철, 「훈민가」 |
| 홀리 | 하루 | 한 흐도 열두 돌이오 흔 둘 셜흔 놀의,<br>날 보라 올 <u>홀리</u> 업스랴<br>한 해도 열두 달이오 한 달 서른 날인데,<br>나를 보러 올 <u>하루</u>가 없겠는가<br> 작자미상, 「어이 못 오던가~」 |

| 어휘 | 현대어 | 예문 |
| --- | --- | --- |
| 홈긔<br>(홈 쯰) | 함께 | 어딘셔 픔 진 벗님 <u>홈쯰</u> 가쟈 ᄒᆞᄂᆞᆫ고<br>어디서 짐 진 벗님 <u>함께</u> 가자 하는고<br> 위백규, 「농가」 |
| 힝긔 | 행기 | <u>힝긔</u>예 보리 ᄆᆞ오 사발의 콩닙ᄎᆞ라<br><u>그릇</u>에 보리 말고 사발에 콩잎채라<br> 위백규, 「농가」 <br>`관련기출` \| `comment`<br>놋그릇의 제주 방언이다. |
| 허도이 | 헛되이 | 바믈 <u>허도이</u> 보내면서<br>밤을 <u>헛되이</u> 보내면서<br> 작자미상, 「잠노래」 <br>`관련기출` \| `comment`<br>원래는 '헛도이'라고 쓰였다. |

| 어휘 | 현대어 | 예문 |
| --- | --- | --- |
| 혬(혜음) | 근심, 걱정 | 쇼 업산 궁가애 <u>혜염</u> 만하 왓삽노라<br>소 없는 궁핍한 집에서 <u>걱정</u> 많아 왔소이다<br> 박인로, 「누항사」 <br>관련기출 \| comment<br>2022 EBS 연계작품 「속미인곡」<br>16.수능B. 이원익, 「고공답주인가」 |
| 혈마 | 설마 | 實爲(실위) 그러ㅎ면 <u>혈마</u> 어이ᄒ고.<br>사실이 그렇다면 <u>설마</u> 어찌할까<br> 박인로, 「누항사」 <br>관련기출 \| comment<br>2022 EBS 연계작품 「우국가」<br>'현마-혈마-설마'로 변했다. |
| 혬가림 | 생각 | 일모수듁(日暮修竹)의 <u>혬가림</u>도 하도 할샤<br>해는 저물었는데 길게 자란 대나무에 기대어서<br><u>이것저것 생각함</u>이 많기도 많구나<br> 정철, 「사미인곡」 <br>관련기출 \| comment<br>'혜다'는 '헤아리다', '생각하다'의 의미를 갖는다. |

| 어휘 | 현대어 | 예문 |
| --- | --- | --- |
| 호탕정회<br>(浩蕩情懷) | 넓고 큰 마음 | 호탕정회야 이에서 더홀소냐<br>넓고 큰 마음이 이보다 더할 것인가<br> 송순, 「면앙정가」 |
| 호호탕탕<br>(浩浩蕩蕩) | 아주 넓어 끝이<br>없음 | 부평처럼 호호탕탕 물 따라 바람 따라 떠다녀서<br>개구리밥처럼 넓은 물 따라 바람 따라 떠다녀서<br> 정약용, 「출옥후화전운」 |
| 홍안<br>(紅顏) | 젊은 얼굴 | 박명한 홍안이야 날 갓하니 또 이실가<br>운명이 기구한 젊은 여자야, 나 같은 이가 또 있을까<br> 허난설헌, 「규원가」 <br>**관련기출 \| comment**<br>2022 EBS 연계작품 「규원가」<br>14.수능AB. 임제, 「청초 우거진 골에~~」<br>홍안동자, 홍안서생과 같이 다른 단어와 붙어서 사용되기도 한다. |

| 어휘 | 현대어 | 예문 |
|---|---|---|
| 홍진<br>(紅塵) | 붉은 먼지 | <u>홍진</u>에 뭇친 분네 이내 생애 엇더흔고<br><u>속세</u>에 묻혀 사는 분들아, 내가 사는 모습이<br>어떠한가<br> 정극인, 「상춘곡」 <br>관련기출 \| comment<br>10.09. 이현보, 「어부단가」<br>11.수능. 정극인, 「상춘곡」<br>14.수능AB. 정극인, 「상춘곡」<br>자연과 대비되는 부정적인 공간인 '속세'를 뜻한다.<br>먼지 진(塵)을 사용한 단어들이 그러한 특징을 가진다.<br>유사어 : 풍진, 진세 |
| 화용월태<br>(花容月態) | 여인의 고운<br>모습 | <u>월태화용</u> 고운 태도 완보로 건너갈 제<br><u>아름답고 고운 태도(모습)</u>으로 천천히 걸어갈 때<br> 작자미상, 「춘향가」 <br>관련기출 \| comment<br>2022 EBS 연계작품 「거창가」<br>2022 EBS 연계작품 「수심가」<br>12.09. 작자미상, 「덴동어미화전가」<br>직역하면 '꽃 같은 용모와 달 같은 자태'이다. |
| 황앵 | 꾀꼬리 | 녹양의 우는 <u>황앵</u> 교태 겨워 ㅎ는고야<br>푸른 버드나무에서 우는 <u>꾀꼬리</u>는 흥에 겨워<br>아양을 떠는구나<br> 송순, 「면앙정가」 <br>관련기출 \| comment<br>2022 EBS 연계작품 「한양가」 (황조)<br>2022 EBS 연계작품 「영산가」<br>2022 EBS 연계작품 「황조가」 (황조)<br>07.06. 송순, 「면앙정가」<br>황조(黃鳥) · 황리(黃鸝) · 여황(鵹黃) · 창경(倉庚, 鶬鶊) · 황백로(黃伯勞) · 박서(搏黍) · 초작(楚雀) · 금의공자(金衣公子) · 황포(黃抱) · 이황(離黃)과 같이 다양한 명칭이 있다. |

| 어휘 | 현대어 | 예문 |
| --- | --- | --- |
| 황운<br>(黃雲) | 누렇게 익은<br>곡식 | <u>황운</u>은 쪼 엇지 만경에 편 거긔요<br><u>누렇게 익은 곡식</u>은 또 어찌 넓은 들에 퍼져있느가<br>송순, 「면앙정가」<br><br>관련기출 \| comment<br>07.06. 송순, 「면앙정가」<br>가을의 풍요로움을 표현하는 단어이다. |
| 황후 | 물건, 상품 | 네 <u>황후</u> 긔 무서시라 웨ᄂᆞ다사쟈<br>네 <u>상품</u> 그것이 무엇이라고 외치느냐<br>작자미상, 「되들에 동난지이 사오~」 |
| 흠구덕 | 흠잡기 | 남녀 노복 들며나며 <u>흠구덕</u>에<br>남녀 노복이 들어가며 나가며 <u>흠을 잡기</u>에<br>작자미상, 「용부가」<br><br>관련기출 \| comment<br>흠, 결함이라는 뜻을 가진 한자 하품 흠(欠)을 사용한다. |

| 어휘 | 현대어 | 예문 |
| --- | --- | --- |
| 훗쑈리다 | 흩뿌리다 | 이화우(梨花雨) <u>훗쑈릴</u> 제 울며 잡고 이별흔 님<br>배꽃이 <u>흩날릴</u> 때 울며 불며 헤어진 님<br>계랑, 「이화우 훗쑈릴 제~」<br><br>관련기출 \| comment<br>07.수능. 계랑, 「이화우 흩뿌릴 제~」 |
| 희짓다 | 심술부리다,<br>훼방하다 | 화옹조차 새음 발나 귀신됴차 <u>희짓난다</u><br>조물주조차 시기하고 귀신조차 <u>방해하는가</u><br>작자미상, 「상사별곡」 |
| 희황<br>(羲皇) | 태평성대 | <u>희황</u> 모를러니 이 적이야 긔로고야<br><u>태평성대</u>도 모르고 지냈는데, 지금이야말로 그 때로구나<br>송순, 「면앙정가」<br><br>관련기출 \| comment<br>'희황'은 태평성대를 이룬 중국 전설 속의 인물 '복희씨'의 다른 이름이다. |

# M/E/M/O

# 저자소개

## 저자 유현주

저자는 대치동 오프강의 12년, 온라인 8년차 강의하며 10여년간 외고, 자사고, 우리나라 최고의 재수종합반 그 중에서도 최상위권반들을 수업하며 먹고 자는 시간 외에는 온통 국어 생각뿐인 진짜 프로 국어강사.

이미 오르비에서 2013년도부터 7년간 atom 문법 베스트셀러 교재인 '문법의 끝'을 집필하고, 오르비학원 현강에도 출강하며 현강 출강 첫 해 오르비학원 단과를 마감시켜 강의실까지 넓혀서 수업들을 오픈하고 모두 마감시켰다.

대치동 현장 데뷔 첫 해에도 한 반에 200명씩 되는 반들 모두를 마감시키며 수천명의 대치동 현장 학생들에게만 오픈했던 바로 그 교재, 컨텐츠를 오로지 "교육평등 실현" 하나만 생각하며 (사실은 은퇴까지 결심하며) 집필하게 되었다.

"문법의 끝"은 7년간 atom 문법 1위를 놓치지 않은 베스트셀러로, 문법의 기본 개념부터 실전 적용 기출까지 모두 정리해 둔 단 한 권의 교재이다.

[학력]
성균관대학교 국어국문학과 졸업
성균관대학교 국어교육학 교직이수
중등학교 정교사(2급) 자격

[경력]
현) 오르비 국어주간지영역 1위 강사
현) 스위치PT 학습코칭 프로그램 서비스 대표
현) 오르비학원 국어영역 강사
현) 메가스터디 러셀 국어영역 강사
전) 대치시대인재 재수종합반 국어영역 강사

전) 스카이에듀, 비상에듀, 대성마이맥 온라인 국어영역 강사
전) 강남대성학원 재수종합반 국어영역 강사
전) 경기외국어고(GAFL), 안산동산고(자사고) 국어 외부강사
작품) 2019 TVN 드라마 블랙독 '강사' 역 배우 데뷔

**[저서]**
2014~2020 문법의 끝, 거미손 기본편, 문학개념어의 끝,
2020~2021 현주간지, 파이워치 외 다수


## 저자 김도현

　저자는 수능이 끝난 직후부터 수능 국어 컨텐츠 제작을 시작 하여 수십권의 교재에 참여한 국어 컨텐츠 연구원이다. 본인이 수능을 위해 공부하던 때를 생각하며 과외와 멘토링을 했던 경험을 살려 학생들에게 도움이 되는 컨텐츠를 만들기 위해 항상 고민하며 노력하고 있다.

**[경력]**
고려대학교 재학중
유현주국어 컨텐츠 연구원 재직
스위치pt 수석코치
2020학년도 6월 평가원 모의고사 국어 원점수 100 (전국 65명)

# 추천하는 글

**이상동 (성신고등학교 교사)**

우리가 고전을 공부하는 이유는 그 글 속에 선조들의 삶과 사상이 담겨 있기 때문입니다. 철학자 헤겔은 "역사는 유사한 사건의 반복"이라고 했습니다. 유사한 사건에 선조들은 어떻게 대응했고, 그 결과는 어떠했는지를 알기 위해서는 고전을 읽어야 합니다. 고전을 통해 오늘날 우리가 처해 있는 상황을 효과적으로 대처할 수 있는 힘을 얻게 되는 것입니다.

이번에 저자가 출간하는 '고전의 끝-어휘' 편은 대학 입시를 앞두고 있는 수험생들을 위한 책입니다. 수많은 과목에 많은 시간을 투자해서 수능에 대비해야 하는 수험생들. 이 수험생들을 괴롭히는 것이 고전입니다. 무엇보다 현대어와 그 모양이나 의미가 많이 달라 독해에 많은 시간을 투자할 수밖에 없습니다. 이 책은 중세 국어 문법을 설명한 후, 고전에 등장하는 어휘를 사전의 체계에 맞추어 그 의미를 설명하고, 용례를 제시하여 수험생들의 학습에 많은 도움이 될 것입니다. 영어 단어장 외우듯 이 책을 들고 다니면서 단어의 의미를 새긴다면 많은 도움이 될 것입니다.

'청출어람(靑出於藍)'이란 말이 있듯이 저자와 본인은 사제지간(師弟之間)입니다. 학창 시절, 수업에 열중하던 저자의 모습이 떠오릅니다. 그런 제자가 성장하여 후배들에게 도움을 주고자 이런 책을 발간한다는 점에 흐뭇함을 느낍니다. 모쪼록 많은 수험생들이 이 책을 통해 도움을 얻기를 바랍니다.

**김재형 (서울대학교 경영학과)**

'고전시가를 시작하기에 동반자로서 부족함이 없는 책'

수능 국어 영역의 고전시가 파트를 공부해보신 분이라면 모두들 처음 고전시가 파트를 접했을 때의 당혹스러운 느낌을 알고 계실 겁니다. 작품을 읽어도 무슨 내용인지, 어떤 것을 의미하는지, 아무것도 손에 잡히지 않고 뒤늦게 작품의 해설을 듣는다고 해도 설명을 듣는 그 순간만 대충 이해하고 넘어갈 뿐이지 다시 새로운 작품을 마주하게 되면 예전 모습으로 회귀하게 됩니다. 고전시가 파트는 해당 영역에 대한 기본적인 개념 이해를 요구할 뿐만 아니라 작품들에서 자주 사용되는 어휘에 대한 지식 또한 필요하며, 고전문법에 대한 내용을 알고 있어야 시험장에서 어려움을 겪지 않게 해주는 작품 독해력을 정립할 수 있습니다. 그런 의미에서 이 책은 고전시가를 막 시작하신 학생들에게 큰 도움이 될 수 있을 것이라 생각합니다. 단순히 어휘들을 나열해서 의미를 정리해 놓은 것이 아니라 중요도가 높은 어휘를 직접 선별해서, 해당 어휘가 어떤 출제된 작품에서 사용되었는지, 주의해야 할 점은 무엇인지에 관해서까지 알기 쉽도록 상세하게 설명하고 있습니다. 또한 기초적인 고전 문법 개념에 대한 설명도 수록되어 있어 큰 도움이 됩니다. 고전시가에 어려움을 겪는 학생들에게 길잡이가 되기에도, 어느정도 자신감이 있는 학생들이 복습용으로 사용하기에도 부족함이 없는 책이라고 생각합니다.

# 추천하는 글

### 문준재 (서울대학교 국어교육과)

학생들이 수능국어/고전 파트에서 언제나 고질적으로 호소하는 고통에는 중세 문법에 대한 낯섦과 거리감, 그리고 고전 시가 해석에 대한 어려움이 있습니다. 따라서 이에 대한 해결책으로는 중세 문법에 대한 확실한 개념 정리와 고전 시가에 대한 용어 정리가 필수적입니다. '고전의 끝'은 이러한 학생들을 위한 책으로써, 어휘집에는 단순히 현대어 풀이만 있는 것이 아닌, 실제 관련 기출에서 나왔던 작품에 나왔던 어휘를 가지고 옴으로써 높은 수능 연계율을 유지하고 예문을 더해 이해를 조금 더 편하게 만듭니다. 또한 중세 문법도 중세-근대 순으로, 그리고 꼭 필요한 필수 정보들이 담겨져 있어 중세문법의 개념을 다지기에 좋은 책입니다.

### 이찬희 (울산대학교 의예과)

고전의 끝은 간단한 중세 문법을 익히고, 필수 고전 어휘를 기출코드에 맞게 공부할 수 있는 책입니다. 문학의 난이도가 점점 올라가고 있는 시점에서 이 책은 학생들에게 큰 도움을 줄 수 있다고 생각합니다. 실제로 2021년 9월 평가원 모의고사에서 고전시가 지문의 3문제가 오답률 TOP10 안에 들었습니다. 하지만 많은 학생이 '고전시가 공부'를 어려워합니다. 알지 못하는 단어들도 많고 어떻게 공부해야하는지도 모르지만 그런 답답함을 해결해주는 좋은 교재가 많지 않기 때문입니다. 공부하지 않은 채로 시간이 흐르다 보면 점점 고전시가 영역에는 발을 들이기 어려워집니다. 이 책은 그런 가려움을 긁어주는 동시에 "일단 해봐."라는 국어 고수들의 충고를 구체화 시켜준다고 생각합니다. 일단 이 책과 함께 기출 문제를 차근차근 공부한다면, 고전시가 영역의 실력을 높이는 기초 공사를 단단히 할 수 있다고 확신합니다.

### 정동민 (서울대학교 의예과)

고전문학은 수능 국어 문학의 절반을 차지하는 중요한 부분입니다. 고전문학은 현대문학보다 간단한 구조를 가지고 있지만, 작품에 사용된 어휘를 제대로 이해하지 못했다면 아랍어를 모르는 사람이 아랍어로 된 소설, 시를 읽는 듯한 느낌이 들 것입니다. 이 책에서는 우선 단편적인 단어 번역을 넘어서 고전문학의 문장 구조를 이해하기 위한 중세국어 문법을 다루고 있습니다. 그 다음으로, 300여 개의 고전 어휘의 현대어 풀이와 예문, 그 어휘가 나오는 기출과 연계작품까지 자세히 나와 있어 작품 해석에 실제로 활용할 수 있는 어휘력을 기를 수 있습니다. 고전문학 작품을 읽으면서, 어휘를 완벽히 알지 못해서 작품을 제대로 파악하지 못한 학생들이 이 책으로 학습한다면 전보다 훨씬 작품을 깊게 이해하게 될 것이라고 확신합니다.

# M/E/M/O

M/E/M/O